Norbert Arntz

Der Katakombenpakt

topos taschenbücher, Band 1037
Eine Produktion der Verlagsgemeinschaft topos plus

„Gloria Dei vivens pauper"
(„Gott wird geehrt, wenn und wo die Armen leben können.")

Erzbischof Oscar A. Romero, 2. Februar 1980

„Aus diesem Grunde wünsche ich mir eine arme Kirche für die Armen!"

Papst Franziskus, 24. November 2013 (*Evangelii gaudium*, 198)

Norbert Arntz

Der Katakombenpakt

Für eine dienende und arme Kirche

topos taschenbücher

Verlagsgemeinschaft topos plus
Butzon & Bercker, Kevelaer
Don Bosco, München
Echter, Würzburg
Lahn-Verlag, Kevelaer
Matthias Grünewald Verlag, Ostfildern
Paulusverlag, Freiburg (Schweiz)
Verlag Friedrich Pustet, Regensburg
Tyrolia, Innsbruck

Eine Initiative der
Verlagsgruppe engagement

www.topos-taschenbuecher.de

Bibliografische Information der Deutschen Nationalbibliothek
Die Deutsche Nationalbibliothek verzeichnet diese Publikation in der Deutschen Nationalbibliografie; detaillierte bibliografische Daten sind im Internet über http://dnb.d-nb.de abrufbar.

ISBN 978-3-8367-1037-4
E-Book (PDF): ISBN 978-3-8367-5037-0
E-Pub: ISBN 987-3-8367-6037-9

Umschlagabbildung: Basilika in den Domitilla-Katakomben, Rom;
Foto: Ralf Heinrichs, Langenfeld
Einband- und Reihengestaltung: Finken & Bumiller, Stuttgart
Satz: SATZstudio Josef Pieper, Bedburg-Hau
Herstellung: Friedrich Pustet, Regensburg
Printed in Germany

Inhalt

III. „Kirche der Armen“ im Konflikt – Wirkungen des Katakombenpaktes

IV. Überraschung in Aparecida: Auftakt einer pontifikalen Konversion zur armen Kirche?

V. Umkehren heißt Schablonen zerbrechen – ein Nachspiel

Vorwort

Vom Katakombenpakt erzählen will dieses Buch. Wie jede Erzählung muss auch diese an einem bestimmten Punkt beginnen. Aber der Katakombenpakt ist kein Nullpunkt. Vielmehr hat dieser Punkt seine eigene Vorgeschichte. Die Menschen, die sich dafür zusammenfinden und ihre eigene Geschichte mitbringen, gehören zu dieser Erzählung. Das Ereignis des Zweiten Vatikanischen Konzils 1962 bis 1965, bei dem sich unter anderen auch diese Menschen treffen, gehört zu dieser Erzählung. Die beiden Kalenderdaten – der Pakt am 16. November 1965 und der Abschluss des Konzils am 8. Dezember 1965 – stehen zwar in enger Verbindung zueinander, aber die Wirkungsgeschichte des Konzils wird so weitererzählt, als bestehe die Verbindung nicht mehr. Der Pakt fällt in Europa dem Vergessen anheim. Wenn wir den Erzählfaden über den Katakombenpakt wieder aufnehmen, leitet uns das Interesse, den Katakombenpakt als „geheimes Vermächtnis des Zweiten Vatikanischen Konzils" wieder ans Licht zu heben und zu erinnern. „Heute, über fünfunddreißig Jahre nach diesem Ereignis, wurde noch nicht einmal der Versuch gewagt, eine Bilanz über den konkreten Einfluss dieser ‚Selbstverpflichtungen' zu ziehen", stellt der bedeutende Konzilshistoriker Giuseppe Alberigo im Jahr 2000 fest.[1] Wir erzählen also die Geschichte des Katakombenpaktes, um mindestens dazu anzuregen, das Konzil nach fünfzig Jahren auch im Lichte dieser Selbstverpflichtungen neu zu lesen. Vor allem aber, weil es unsere Absicht ist, daran zu erinnern, dass die aus dem Konzil hervorgehende und von den Bischöfen des Katakombenpaktes getragene Geschichte um die Kirche der Armen und ihre Theologie der Befreiung wie ein „Stachel im Fleisch der Kirche“ wirkt.

Das Zweite Vatikanische Konzil 1962–1965 ist zweifellos eine Wasserscheide: Zum ersten Mal versammelt sich die Weltkirche wirklich aus allen Erdteilen des Globus vor den Augen der Weltöffentlichkeit. Zum ersten Mal ringen Vertreter (im Laufe der Konzilsjahre auch Vertreterinnen) aus allen Ecken der Erde miteinander um das, was die Kirche ist und sein soll. Zum ersten Mal üben sie Mitbestimmung über Weg und Dienst der Kirche und wagen dafür öffentliche Konflikte. Menschen, Interessen, Denkströmungen und Kulturen begegnen sich und stoßen aufeinander. Am schärfsten stellen die Vertreter einer „Kirche der Armen“ das herrschende Modell der Kirche infrage: Es müsse Schluss sein mit dem zeitweiligen Bündnis zwischen der Kirche und dem „Imperialismus des Geldes“. Es genüge jedoch nicht, von der „Kirche der Armen“ bloß zu sprechen; die Kirche müsse selbst arm sein. Die Bischöfe seien mit Flitter und Prunk behangen; sie müssten sich von ihrer bunten Kleidung, von ihrem Gold und ihren Juwelen trennen. Sie dürften nicht wie feudale Herren leben, in ihren Palästen versteckt, um ihre Position zu wahren. Wozu dienten all dieser Tand und all dieses Theater? Wie könnten sie den hungernden Massen als Väter erscheinen, wenn sie wie feudale Herren auftreten? Alle von weltlichen Traditionen übernommenen Formen müssten in der Kirche beseitigt werden. Dazu gehöre nicht nur die Kleider- oder Gebäudeordnung. Es müsse auch darum gehen, auf Alleinvertretungsansprüche, traditionelle Studienpläne und Forschungsmethoden zu verzichten. Kurzum: Was man „konstantinische Ära“ zu nennen pflegt, sollte mit dem Konzil ein Ende haben.

In seiner unnachahmlichen Sprache, die Emotion und Reflexion miteinander zu verbinden weiß, schildert Dom Hélder Câmara in seinen Briefen aus dem Konzil, wie er die Abschlussfeier der Zweiten Konzilsperiode am 4. Dezember 1963 in St. Peter erlebt:

> Ganz genau auf der Höhe des kolossalen Reiterdenkmals von Konstantin traten wir in St. Peter ein [...]
>
> Wer hat behauptet, die konstantinische Ära sei vorbei? Während der ganzen Zeremonie – es war für mich ein Alptraum – sah und hörte ich das steinerne Pferd durch die Basilika galoppieren. Es trug den bedauernswerten König, der wie ein trauriges Symbol für eine Epoche wirkte, die wir längst hinter uns gelassen haben wollten. Aber da ist sie noch – höchst lebendig ...[2]

Nach den schrecklichen Erfahrungen in der ersten Hälfte des 20. Jahrhunderts und in der Konfrontation mit der mehrfach gespaltenen Welt muss das Konzil den Bruch der Kirche mit der konstantinischen Ära vollziehen. Davon sind Hélder Câmara und die anderen Mitglieder der Gruppe „Kirche der Armen" überzeugt. Sie spüren den grundsätzlichen Konflikt, der ihnen hier abverlangt wird. Aber sie stellen sich ihm – um des Evangeliums willen, von dem sie sich herausgefordert fühlen, um der Menschen willen, zu denen sie sich gesandt wissen, und um der Kirche willen, die das Zeichen des umfassenden Heils für alle Menschen werden soll.

Im Münsteraner „Institut für Theologie und Politik" beginnen wir im Jahr 2009 mit den Vorbereitungen zur Arbeit, das „geheime Vermächtnis des Konzils" zu erinnern. Wir wollen die Geschichte erzählen, um die Inspirationen, die sich in ihr verbergen, aufgreifen zu können. Neugieriges Erstaunen über diese weitgehend unbekannte Geschichte ist die Reaktion in vielen Gruppen, Gemeinden, Akademien und Bildungseinrichtungen. Die interessierten Nachfragen und das Bemühen, diese Geschichte immer besser zu verstehen, bestimmen die weitere Forschungsarbeit. Da tritt im Jahr 2013 plötzlich Papst Benedikt XVI. zurück, und Papst Franziskus übernimmt das Amt des Bischofs von Rom. Sein Wunsch, „eine arme Kirche für die Armen" zu verwirklichen, fordert die Erinnerungsarbeit zusätzlich heraus. Jetzt wirken plötzlich Konzil, Katakombenpakt und „Franziskus-Projekt" aufeinander ein.

Wie die Erinnerung die Gegenwart inspiriert und gegenwärtige Erfahrungen auch die Erinnerung wieder in ein neues Licht rücken – davon erzählt das Buch. Ansporn dafür war die Zusammenarbeit im Team des Instituts für Theologie und Politik, treibende Kraft die theologisch und sprachlich motivierende Begleitung durch meinen Bruder Heinz-Theo Arntz. Allen Gefährtinnen und Gefährten bin ich von Herzen dankbar für die gemeinsame Arbeit an gesellschaftlicher, kirchlicher und persönlicher Umkehr. Für den Exodus aus der babylonischen Gefangenschaft von Seele und Kirche in der „konstantinischen Ära" kann die Einsicht des Baal Schem Tow, des Begründers der chassidischen Bewegung, nützlich sein:

„Das Vergessenwollen verlängert das Exil, und das Geheimnis der Erlösung heißt Erinnerung."

Kleve, am Festtag des „Magnificat", dem 2. Juli 2015

I. Franziskus – die Konversion des Papstamtes?

Ende und Wende

Am 11. Februar 2013 erklärt Papst Benedikt XVI. seinen Rücktritt vom Amt des Papstes zum 28. Februar des Jahres. Damit endet eine Etappe der Kirchengeschichte des 20. Jahrhunderts. Sie hatte im Jahr 1978 begonnen. Nach etwa 450 Jahren tritt der erste nichtitalienische Papst sein Amt an. Zugleich aber beginnt hier – aus dem Rückblick betrachtet – ein „kirchlicher Winter“ (Karl Rahner), in dem die Leitlinien des Zweiten Vatikanischen Konzils (1962–1965) eingefroren wurden.

Der junge dynamische Kardinal Wojtyla, der 1978 nach dem kurzen Pontifikat Johannes' Pauls I. im Alter von 58 Jahren den Stuhl Petri bestieg, nimmt zwar in seinem Namen die Programmatik auf, die sein Vorgänger mit der Übernahme der Namen der beiden Konzilspäpste intendiert hatte, setzt aber in seinem mehr als fünfundzwanzig Jahre dauernden Pontifikat nur eine halbierte Umsetzung der Beschlüsse des Vatikanum II durch. Theologisch durch Joseph Ratzinger unterstützt, den er an die Spitze der obersten Glaubensbehörde beruft, befestigt er aus verschiedenen Gründen die zentralistische Grundstruktur der Kirche vor allem durch die Reform des Kirchenrechts und den römischen Katechismus. Wichtige Reformvorhaben des Konzils werden blockiert. Gestützt auf sein Renommee als Konzilstheologe, überhöht Joseph Ratzinger die Tendenz zum Zentralismus noch theologisch durch Uminterpretation wichtiger Beschlüsse des Konzils sowie durch entsprechende lehramtliche Dokumente. Die durch die charismatische Persönlichkeit von Johannes Paul II. verdeckten Schwächen des langen Pontifikats entarten in seiner Verfallsphase zu einer problematischen Nebenregierung des kurialen Apparates. Als sein Nachfolger Benedikt XVI. in seinem eigenen Pontifikat den Zentralismus noch zu vertiefen sucht, treten eruptiv und unübersehbar die Verfallserscheinungen zutage (unter anderem Missbrauchsskandale in verschiedenen Ländern, Vatileaks, Williamson-Fiasko) und führen schlussendlich zur Abdankung Benedikts. Damit entsteht eine kirchengeschichtlich einmalige Lage. Das kurze Konklave bei Lebzeiten eines abgedankten Papstes bringt ebenfalls ein völlig überraschendes Ergebnis: Der neue Papst begrüßt die Menge auf dem Petersplatz mit diesen einfachen Worten:

> Brüder und Schwestern, guten Abend.
> Ihr wisst, dass das Konklave die Pflicht hatte, Rom einen Bischof zu geben. Es scheint so, als ob meine Kardinalsbrüder fast bis zum Ende der Welt gehen mussten, aber wir sind nun hier. Ich danke euch für den Empfang. Die diözesane Gemeinschaft von Rom mit ihrem Bischof. Danke.

Der neue Papst: „Bischof von Rom"

Schon mit seinen ersten Auftritten setzt der ehemalige Kardinal von Buenos Aires, Jorge Mario Bergoglio, Aufsehen erregende Zeichen: Er nennt sich Franziskus, verzichtet auf papalen Pomp und Autoritätsgehabe, grüßt die Öffentlichkeit auf dem Petersplatz und an den Fernsehschirmen mit einem einfachen „Buona sera“ und verneigt sich vor dem Volk Gottes mit der Bitte, es möge ihm Segen wünschen, bevor er für das Volk um Segen betet. Die scheinbar harmlose Geste enthält einen kirchenpolitischen und theologischen Sprengsatz: Der neue Bischof von Rom erkennt an, dass er selbst in erster Linie Mitglied des Volkes Gottes ist.

„Ich bin eben kein Renaissance-Fürst“, soll er erklärt haben, als er dem Konzert fernblieb, das wenige Wochen nach dem Dienstantritt in der Aula für den Papst aufgeführt wurde. Der Stil des Hofstaates wird verlassen, der Dienstcharakter des Amtes betont und jedem Karrierismus eine Absage erteilt.

Zwei Jahre nach der Wahl kommentiert Papst Franziskus in einem Interview mit dem mexikanischen Fernsehen am 13. März 2015 beiläufig das höfische Zeremoniell:

> Jede Veränderung beginnt mit dem Herzen: mit der Bekehrung des Herzens [...] und auch mit einer Bekehrung der Lebensweise. Ich glaube, hier haben wir den letzten Hof, den es noch in Europa gibt, die übrigen sind alle demokratisch geworden, sogar die klassischsten. Es gibt etwas am päpstlichen Hof, das eine völlig überholte Tradition fest beibehält. Das meine ich nicht abwertend, eher im Sinne einer Kultur [...]. Und das muss geändert werden. Alles, was noch nach wie vor höfisch erscheint, müssen wir hinter uns lassen. Die Kurie muss eine Arbeitsgruppe werden, im Dienst der Kirche, im Dienst der Bischöfe. Das bedeutet offensichtlich eine persönliche Umkehr. Es geht um Umkehr, beim Papst angefangen, er ist natürlich der erste, der umkehren muss. Ständig umkehren, entsprechend dem, was Gott von uns erwartet. Und das versuche ich ...[3]

Franziskus lebt nicht mehr im päpstlichen Palast, wo er unvermeidlich isoliert und von den Menschen entfernt hätte leben müssen, abhängig von der Kanalisierung jeglicher Information durch die vatikanische Kurie. Er lebt vielmehr im Gästehaus Santa Martha, nah bei den Menschen, die aus der Weltkirche in den Vatikan kommen, jeden Tag mit anderen Gesprächspartnern und -partnerinnen in Kontakt. Er macht das Ungewöhnliche zum Normalen. Er berät sich, weiß Aufgaben zu verteilen, organisiert einen synodalen Prozess. So beseitigt er alle sakrale Überhöhung aus dem Petrusdienst der Kirche.

In seinem Interview mit Pater Antonio Spadaro, dem Vertreter der Jesuitenzeitschriften, im September 2013 erläutert er, dass er diese Gesten mit dem Zweiten Vatikanischen Konzil verbindet:

> Das Zweite Vatikanum war eine neue Lektüre des Evangeliums im Licht der zeitgenössischen Kultur. Es hat eine Bewegung der Erneuerung ausgelöst, die aus dem Evangelium selbst kommt [...] Die Dynamik der aktualisierten Lektüre des Evangeliums von heute, die dem Konzil eigen ist, ist absolut unumkehrbar.[4]

Diese Anknüpfung ans Konzil ist keine bloße Rhetorik. Sie entstammt einer tiefen, in die eigene Existenz übernommenen Überzeugung. Kein vorheriges Pontifikat verwendet so entschieden und konsequent das Bild der Kirche als des Volkes Gottes:

> Das Bild der Kirche, das mir gefällt, ist das des heiligen Volkes Gottes. Die Definition, die ich oft verwende, ist die der Konzilserklärung „Lumen Gentium" in Nummer 12. Die Zugehörigkeit zu einem Volk hat einen großen theologischen Wert: Gott hat in der Heilsgeschichte ein Volk erlöst. Es gibt keine volle Identität ohne die Zugehörigkeit zu einem Volk. Niemand wird allein gerettet, als isoliertes Individuum. [...] Das Volk ist das Subjekt. Und die Kirche ist das Volk Gottes auf dem Weg der Geschichte – mit seinen Freuden und Leiden ...[5]

Von dieser Überzeugung aus formuliert der Papst seine Erwartungen an die anderen Amtsträger in der Hierarchie:

> Das Volk Gottes will Hirten und nicht Funktionäre oder Staatskleriker. Die Bischöfe speziell müssen Menschen sein, die geduldig die Schritte Gottes mit seinem Volk unterstützen können, sodass niemand zurückbleibt. Sie müssen die Herde auch begleiten können, die weiß, wie man neue Wege geht. [...] Man muss gemeinsam gehen: Volk, Bischöfe, Papst. Synodalität muss auf verschiedenen Ebenen gelebt werden."[6]

Zeichen und Gesten

Franziskus wählt eine neue Art der Kommunikation: offenherzige und unzensierte Gespräche mit Journalisten auf dem Flug von Rio nach Rom, mit Redakteuren von Jesuitenzeitschriften, mit einem atheistischen Zeitungsverleger, mit einem freikirchlichen Pastor. All diese Worte und Gesten überraschen die Öffentlichkeit.

Auch das hatten wir bislang kaum gehört: Der Papst bekennt sich als Sünder, anerkennt sein autoritäres Verhalten als Jesuitenprovinzial in Argentinien, gesteht zu, dass er sich geirrt habe und auch in Zukunft irren werde. Er erinnert daran, dass die Kirche der Umkehr bedarf – in einer ständigen Reformation; dass der Hofstaat die Lepra des Papstamtes sei, dass die Kurie auf den Vatikan zentriert sei und ihre Weltsicht auf die Welt übertrage; dass der Klerikalismus nicht christlich sei; dass die Kirche nicht der Vergangenheit nachtrauern und restaurativen Bestrebungen nachlaufen dürfe; dass die Hirten den Geruch der Schafe an sich haben müssten und nicht bürokratische Kleriker oder Antiquitätensammler sein sollten; dass Karrieristen in der Kirche nichts zu suchen hätten, sondern Alpinisten werden sollten; dass Zentralismus und autoritäres Verhalten in der Leitung der Kirche zu vermeiden seien; dass die Kirche Jesus nicht in den eigenen Gemäuern festhalten dürfe, sondern ihn begleiten müsse auf seinem Weg an die existenziellen Peripherien, wo Menschen leiden und hoffen, trauern und kämpfen. Die Kirche sei eher eine Art Feldlazarett, in dem die Menschen mit ihrem verwundeten Leben Aufnahme fänden und Heilung erführen, als eine Zollstation mit Kontrolleuren der Gnade. Deshalb habe sie allen imperialen Anschein abzustreifen.

Der neue Bischof von Rom beeindruckt eher durch seine Gesten, Symbole und bildhafte Sprache als durch lange wissenschaftliche Reden oder Enzykliken, die ohnehin nur wenige lesen. Franziskus verwendet die Methode, die auch Jesus praktiziert. In Gleichnissen und in Zeichen wird das Reich Gottes erfahren: die Kranken heilen, den Hungrigen zu essen geben, mit den Sündern Mahl halten, den Jüngern die Füße waschen ...

Der Weckruf im Brief an die Kirche

All diese Gesten und aufmunternden Worte werden unterstrichen vom „Weckruf" des Apostolischen Schreibens, das er „Die Freude am/des Evangelium/s" *(Evangelii gaudium)* nennt.

Evangelisieren hat nichts mit Proselytenmacherei zu tun, Mission nichts mit „geistlicher Eroberung". Das Evangelium ist für den Papst vielmehr „die schönste Botschaft, die diese Welt hat". Die Botschaft ist kein „Privateigentum" dieser oder jener

Kirche. Sie gehört der Welt. Und sowohl diese wie jene Kirche stehen im Dienst des Evangeliums, nicht über ihm. Dem Evangelium dienen heißt, seine Botschaft von der göttlichen Würde jedes Lebens zu bezeugen. Missionarisch sein heißt, für den Aufbau einer besseren Welt einzutreten. Aber eben ausgehend von den Armen, von den Letzten, von denjenigen, welche die Gesellschaft als „Abfall" betrachtet. Den Grund dafür findet der Papst im Evangelium selbst:

> Der ganze Weg unserer Erlösung ist von den Armen geprägt. Dieses Heil ist zu uns gekommen durch das „Ja" eines einfachen Mädchens aus einem kleinen abgelegenen Dorf am Rande eines großen Imperiums. (EG, 197)

Bereits an diesen wenigen Worten wird der Zusammenhang der spirituellen Orientierung mit dem politischen, kulturellen und ökonomischen Engagement erkennbar. Politik „ist eine der wertvollsten Formen der Nächstenliebe" (EG, 205). Deshalb behandelt der Papst auch die Ökonomie nicht als Problem, das im Fachbereich „Katholische Soziallehre" zu bearbeiten wäre.

> Die Wirtschaft müsste die Kunst sein, eine angemessene Verwaltung des gemeinsamen Hauses zu erreichen, und dieses Haus ist die ganze Welt. (EG, 206)

Die realen ökonomischen Verhältnisse sind der konkrete Kontext, innerhalb dessen die Freude am Evangelium sich erst als glaubwürdig erweist. Entschieden erteilt der Papst daher allen Mächten und Gewalten eine Absage, die das Leben von Mensch und Natur bedrohen. Ja, er gibt dieser Absage den Rang des Tötungsverbots aus dem Dekalog: „Ebenso wie das Gebot ‚du sollst nicht töten' eine deutliche Grenze setzt, um den Wert des menschlichen Lebens zu sichern" (EG, 53), müssen wir heute

Nein sagen: Nein zu einer Wirtschaft der Ausschließung, also einer Wirtschaft, die tötet; Nein zur aktuellen Vergötterung des Geldes; Nein zu einem Geld, das regiert, statt zu dienen; Nein zur gesellschaftlichen Ungleichheit, die Gewalt hervorbringt. (EG, 53–60) Das ist ein völlig neuer Ton und Inhalt gegenüber der bisher bekannten katholischen Soziallehre: Der Papst hält diese Wirtschaft weder für rational noch für säkularisiert, sondern beherrscht vom „Fetischismus des Geldes". So wie Israel gegen das „goldene Kalb" zu kämpfen hatte, hat die Kirche heute gegen den Götzendienst von Geld, Markt und Kapital zu kämpfen. Das sind irdische Götter, keine metaphysischen Größen, die jenseits der Wolken in Konkurrenz zum Gott des Lebens treten. Diese irdischen Götter haben vielmehr Macht über die Gedanken, Herzen und Hirne der Menschen gewonnen. Sie verlangen Menschenopfer und bestreiten den Vorrang des menschlichen Lebens. Aber die Menschen merken gar nicht mehr, dass in der Wirtschaft, die tötet, Menschenopfer dargebracht werden. Ihre Gedanken und Herzen sind bereits so verformt, dass sie es für „marktkonform" halten, wenn Menschen überflüssig gemacht und als Abfall betrachtet werden. Das ist in den Augen von Papst Franziskus die entscheidende Herausforderung für die Kirche: Evangelisieren heißt, den Gott des Lebens zu verkündigen, der will, dass alle leben können, den Gott des realen und konkreten menschlichen Lebens gegen die Götzen des Todes in Stellung zu bringen. Es geht dem Papst nicht mehr in erster Linie um die Bekämpfung von Atheismus, Rationalismus oder Relativismus, sondern um die Entlarvung des Götzendienstes. Nur wenn man Abschied nimmt von den Götzen von Macht und Markt, wird man den Gott des Lebens entdecken, der keine Menschenopfer will. Gott wird

Mensch, damit die Menschen ihre göttliche Würde entdecken. An sie knüpft Papst Franziskus an, wenn er den realen und konkreten Menschen, mit Leib, Seele und Geist, daher auch mit seinem Beziehungsnetz zu anderen Menschen und zur Mutter Erde, wieder in seinem Vorrang vor allen gesellschaftlichen Institutionen anerkannt wissen will.

Eine globale Perspektive für eine humane Welt

Seit seinem Amtsantritt setzt Papst Franziskus immer neue Zeichen dafür, dass er eine andere Welt für möglich hält. Die Insel Lampedusa ist sein erstes Reiseziel. Dort verneigt er sich tief vor den Opfern der Abgrenzungspolitik Europas und kritisiert die „Globalisierung der Gleichgültigkeit". Mit dieser Formel deckt er zugleich auf, dass das Globalisierungsprojekt interessengeleitet organisiert ist. Die Globalisierung ist nicht der „naturwüchsige" Prozess, als den man sie uns verkaufen will. Auf seiner ersten Auslandsreise nach Brasilien fordert er die Jugendlichen auf, Krach zu schlagen, damit sie nicht einer „kulturellen Euthanasie" zum Opfer fallen.

Er mischt sich aktiv in die Politik ein: Er appelliert im September 2013 an die in St. Petersburg versammelten G-20-Staaten, einen Krieg in Syrien zu vermeiden, nachdem er mit Christen aus der ganzen Welt auf dem Petersplatz in Rom einen Fast- und Gebetstag für den Frieden gehalten hatte.

Bei seinem Besuch in Jerusalem im Mai 2014 betet Papst Franziskus an der Klagemauer gemeinsam mit dem Rabbiner Abraham Skorka und dem Imam Omar Abboud, die zu seiner Delegation gehören. Danach umarmt er sie dort als Zeichen dafür, dass die Angehörigen der abrahamitischen Religionen einander „als Brüder und Schwestern" achten und lieben sollten. „Niemand gebrauche den Namen Gottes als Rechtfertigung für Gewalt."

Im Juni 2014 betet er gemeinsam mit dem israelischen Präsidenten Peres und dem Palästinenserpräsidenten Mahmud Abbas in den Vatikanischen Gärten. Er hatte den Juden Peres und den Muslim Abbas in den Vatikan eingeladen, um sie zu drängen, endlich Frieden im Nahen Osten zu schaffen.

Im Oktober 2014 lädt ein Papst zum ersten Mal die Verantwortlichen von sozialen Bewegungen aus aller Welt zu einem Treffen im Vatikan ein. Zirka zweihundert Männer und Frauen aus allen Erdteilen kommen zusammen, die engagiert sind in den Bewegungen landloser Bauern, ausgeschlossener Arbeitender, VertreterInnen selbstgeführter Betriebe, MigrantInnen und BewohnerInnen von Elendsvierteln. Anwesend sind unter anderen die brasilianische Landlosenbewegung MST, der zambische Obdachlosen- und Armen-Verband, eine kurdische Jugendorganisation aus Syrien sowie eine Vereinigung koreanischer Bäuerinnen. Organisiert vom Päpstlichen Rat für Gerechtigkeit und Frieden unter der Leitung von Kardinal Turkson und in Absprache mit den RepräsentantInnen der verschiedenen Bewegungen, ist das Treffen der Frage gewidmet, wie sich die Bewegungen den Herausforderungen von Krieg, Vertreibung, Hunger, Armut und Arbeitslosigkeit stellen sollen. Sie diskutieren die Ursachen der weltweit wachsenden sozialen Ungleichheit und der Mechanismen von Exklusion. Die drei thematischen Schwerpunkte des Treffens sind: „tierra – techo – trabajo": Land (Bauern, Landwirtschaft, Nahrungsmittelsouveränität und Umwelt), Wohnraum (informelle Ansiedlungen, Mangel an Wohnraum und arme urbane Peripherien) und Arbeit (informelle Arbeit, Kinder- und Jugendarbeit). Papst Franziskus hält am Dienstag, den 28. Oktober, eine Ansprache, die von einigen Journalisten als „spontane Enzyklika zu Armut und Umwelt" gewertet wird:

> Wir stecken mitten im Dritten Weltkrieg, allerdings in einem Krieg in Raten. Es gibt Wirtschaftssysteme, die, um überleben zu können, Krieg führen müssen. Also produzieren und verkaufen sie Waffen. So werden die Bilanzen jener Wirtschaftssysteme saniert, die den Menschen zu Füßen des Götzen Geld opfern.[7]

Im November 2014 tritt der Papst vor die in Rom stattfindende Welternährungskonferenz und kritisiert das Paradox, „dass wir genug zu essen für alle Menschen auf der Welt hätten, aber es nicht schaffen, alle zu ernähren". Grund dafür sei, „dass der Kampf gegen die Unterernährung durch den Vorrang der Märkte und der wirtschaftlichen Interessen behindert wird. Nahrung ist zu einem normalen Rohstoff geworden, mit dem auf Finanzmärkten spekuliert wird."[8]

Er arbeitet diplomatisch mit an der Annäherung zwischen den USA und Kuba. Bei einer Zusammenkunft mit neuen Botschaftern verrät er die auch von ihm angewandten Mittel: Als Diplomat habe man es mit einer „Arbeit der kleinen Schritte, der kleinen Dinge" zu tun.

Der Papst mischt sich weltweit ein. Er macht Politik. Aber anders als zuvor wird weltweit offenbar begriffen, dass er nicht die Interessen des Vatikanstaates christlich garniert vertritt, sondern dass er bei all seinen Interventionen die leidenden und hoffenden Menschen in den Mittelpunkt rückt und dass er an einer Welt mitarbeiten will, in der alle Platz haben, in erster Linie die Verachteten und Getretenen. Die kulturellen Unterschiede zwischen den Menschen sind für Franziskus beim Aufbau einer humanen Welt nicht hinderlich, sondern ganz im Gegenteil: „Reichtum und Ressource".

Der Bischof von Rom aus Lateinamerika

Hinter all diesen Worten und Gesten steht eine große, einzigartige Geschichte der Kirche in Lateinamerika und der Karibik, die mit dem Zweiten Vatikanischen Konzil beginnt. Von dort spannt sich der Bogen dieser Geschichte über die Bischofsversammlungen von Medellín 1968, Puebla 1979 und Santo Domingo 1992 bis nach Aparecida 2007. Keine andere Kontinentalkirche – weder die von Europa, noch die von Asien oder Afrika – hat einen derart intensiven kirchlichen Prozess aufzuweisen. Von ihm ist Jorge Mario Bergoglio in Denken und Handeln mitbestimmt.

Auch die Schuldenkrise Lateinamerikas im Allgemeinen und Argentiniens im Besonderen hinterlässt ihre Spuren im Gedächtnis des ehemaligen Kardinals von Buenos Aires. Sie haften seiner Deutung der Vaterunser-Bitte an. Im Juli 2014, bei einer Predigt im italienischen Isernia, deutet er das Gebet politisch, ohne ausdrücklich die europäische Schuldenkrise zu erwähnen:

> „Vergib uns unsere Schuld, wie auch wir vergeben unseren Schuldigern." In diesen Worten des Vaterunsers steckt ein ganzes Lebensprojekt, das auf Barmherzigkeit gegründet ist. Barmherzigkeit, Nachsicht, Vergebung der Schulden, ist nicht einfach irgendeine fromme, intime Sache, ein spirituelles Beruhigungsmittel, eine Art von Öl, das uns hilft, etwas sanftmütiger, etwas gütiger zu sein, nein. Es ist die

Prophetie einer neuen Welt; Barmherzigkeit kündigt eine neue Welt an, in der niemandem das Lebensnotwendige vorenthalten wird, sondern die Güter der Erde und der Arbeit an alle gleichermaßen verteilt sind.[9]

Das kirchliche Ereignis im brasilianischen Aparecida spielt für Jorge Mario Bergoglios Lebensgeschichte eine entscheidende Rolle. Die 5. Generalversammlung der Bischöfe aus Lateinamerika und der Karibik im Jahr 2007 beauftragt ihn, die Redaktionskommission zu leiten. Diese soll dafür Sorge tragen, dass aus dem Zusammensein unter dem Thema „Jünger und Missionare Jesu Christi – Damit unsere Völker in ihm das Leben haben" ein Dokument entstehe, das der Kirche Lateinamerikas den Weg ins nächste Jahrzehnt weisen könne.

Was Jorge Mario Bergoglio hier in Aparecida für sein Kirchenverständnis lernt, erzählt er selbst mit bewegenden Worten:

... dass wir uns ausgerechnet in den Katakomben der Kathedrale trafen. Über uns waren die Pilger. Wir hörten deren Gesänge und deren Gebete. Wir hatten also keine Versammlung, die sich sozusagen hinter verschlossenen Türen in einem abgeschlossenen Raum abspielte, sondern waren bei unseren Beratungen täglich mitten in das Pilgergeschehen einbezogen.[10]

Das Dokument von Aparecida[11], das aus diesem Prozess hervorgeht, gewinnt programmatische Bedeutung für das Pontifikat von Papst Franziskus. Unmittelbar nach seiner Amtsübernahme überreicht er jedem Staatsbesucher im Vatikan das Dokument als Geschenk. Zugleich sendet er damit das Signal: Wer die Art und Weise meines Papstamtes verstehen will, muss das Dokument von Aparecida lesen.

Die pastorale Umkehr zur samaritanischen Kirche, seine Rede vom „Geruch der Schafe“, seine Aufforderung, „raus auf die Straßen“, „an die Ränder“ zu gehen – darin klingt die Erfahrung aus Lateinamerika an und wird zu einer Botschaft für alle Welt.

Aus dem Süden der Kirche, von den Armen, von den an den Rand Gedrängten, von den Frauen, den Jugendlichen, den Indígenas her weht ein neuer Geist.

Dieser Papst aus dem Süden bringt der ganzen Kirche einen neuen pastoralen Stil, der den Weg der lateinamerikanischen Kirche von Medellín bis Aparecida widerspiegelt: die Option für die Armen, die Denunzierung der ungerechten Strukturen der Sünde, den Respekt vor dem Glauben und der Religiosität der einfachen Leute, die Volksfrömmigkeit in Marien- und Heiligenverehrung, die Achtsamkeit für die Mutter Erde, das Vertrauen auf die Barmherzigkeit Gottes, die immer für Vergebung offen ist.

Ich gehe noch einen Schritt weiter und behaupte: Er knüpft mit seiner spirituell-theologischen Orientierung, seinem Kirchenverständnis, seiner Option für die Armen und seinem globalen Projekt – bewusst oder unbewusst – an die Überlegungen an, die während des Konzils eine Gruppe von Bischöfen veranlasst hatte, die Gruppe „Kirche der Armen“ zu bilden und am Ende des Konzils den Katakombenpakt zu schließen. Diese These gilt es auf den folgenden Seiten zu überprüfen. Der Leser und die Leserin sind eingeladen, im Lichte des Franziskus-Projekts die Geschichte des Konzilsereignisses auf neue Weise deuten zu lernen: wie der Katakombenpakt aus ihm hervorgeht und wie der Katakombenpakt seinerseits neue Wirkungen in der Nachkonzilszeit hervorruft. Aber auch umgekehrt: das Pontifikat von Franziskus im Licht des Katakombenpaktes und seiner Geschichte neu verstehen zu lernen. Es wird sich zeigen, dass in diesem Pontifikat noch andere Faktoren im Spiel sind als ausschließlich die eindrucksvolle Persönlichkeit des Jorge Mario Bergoglio aus Buenos Aires. Wir graben sozusagen in den „Katakomben" der hinter uns liegenden fünfzig Jahre, um besser zu begreifen, wer mit welchen Interessen und welchen Begründungen das Projekt einer „Kirche der Armen" verdächtigt, verdrängt, unterdrückt und verfolgt hat; aber auch, wer dieser organisierten Diskriminierung mit welchen Hoffnungen und Wünschen unerschütterlich widerständigen Glauben entgegengesetzt hat. Eine solche Erinnerungsarbeit mag für die herrschenden kirchlichen und gesellschaftlichen Verhältnisse subversiv wirken. Aber eben sie befreit davon, sich den gerade herrschenden Verhältnissen zu unterwerfen. Auf solche Weise greifen wir das Erbe unserer Väter und Mütter im Glauben kreativ auf und werden dadurch bestärkt, uns den heutigen Herausforderungen mit unseren eigenen Kräften zu stellen.

II. Das Konzil – ein neuer Weg in der Geschichte

Johannes XXIII.: „Die Kirche der Armen"

Papst Johannes XXIII. hält am 11. September 1962, genau einen Monat vor dem öffentlichen Beginn des Zweiten Vatikanischen Konzils, über Radio Vatikan eine Rundfunkansprache zum Konzil.[12] Zur damaligen Zeit war der Rundfunk das einzige Kommunikationsmedium, das über eine globale Reichweite verfügte. Dass der Papst dieses Medium nutzt, lässt darauf schließen, dass er seine Vorstellung vom Konzil dem gesamten Globus – und nicht nur der katholischen Welt – persönlich übermitteln will. In dieser Botschaft macht er unmissverständlich deutlich, wie er über das Konzil denkt und welche Richtung er dieser Weltversammlung geben will.

Das Konzil soll die innere Lebenskraft der Kirche zum Leuchten bringen: „Was ist ein Ökumenisches Konzil anderes als die erneute Begegnung mit dem Antlitz Christi, des Auferstandenen?" Aber zugleich soll angesichts der „Bedürfnisse und Nöte der Völker" der Sozial- und Gemeinschaftssinn, „der innerlich zum wahren Christentum gehört", nachdrücklich bekräftigt werden.

Zwei Gedanken aus der Botschaft sind besonders hervorzuheben: die globalisierte Welt und die Kirche der Armen:

> Das ökumenische Konzil steht vor seinem Zusammentritt 17 Jahre nach dem Ende des Zweiten Weltkrieges. Zum ersten Mal in der Geschichte werden die Konzilsväter wirklich allen Völkern und Nationen

angehören, und jeder wird seinen Beitrag an Wissen und Erfahrung leisten zur Heilung der Narben der beiden Kriege, die das Antlitz aller Länder tief verändert haben.[13]

Ein weiterer Punkt: Gegenüber den unterentwickelten Ländern erweist sich die Kirche als das, was sie ist und sein will: die Kirche aller, vornehmlich die Kirche der Armen. Jede Verletzung des fünften und sechsten Gebotes des heiligen Dekalogs; die Vernachlässigung der Pflichten, die sich aus dem siebten Gebot ergeben; das soziale Elend, das um Rache schreit vor dem Angesicht des Herrn; das alles muss deutlich in Erinnerung gebracht und beklagt werden. [...] Dringende Pflicht des Christen ist es, [...] darüber zu wachen, dass die Verwaltung und Verteilung der geschaffenen Güter allen zum Vorteil gereichen.[14]

An diesen beiden Leitgedanken des Papstes zur Orientierung des Konzils wird der Kontrast zwischen der Vorstellung des Papstes und der vatikanischen Kurie besonders deutlich. Offenbar stimmt das Konzil, das Johannes vorgeschlagen und entschieden hatte, nicht mit jenem überein, das in den siebzig vorbereiteten Texten enthalten ist, die die Konzilsteilnehmer nach Ansicht der vatikanischen Kurie beschließen sollen. „Die Radiobotschaft stellt einen Kontrapunkt dar zur theologischen und dogmatischen Starrheit der Texte, die in der Tradition römisch-kurialer Sprache entstanden waren."[15] Wie weit der Papst selbst verantwortlich ist für diesen Kontrast, wie weit die Spannung zwischen den beiden römischen Akteuren des Konzils (Papst und Kurie) gewollt ist, um die Eigenaktivität des dritten Akteurs – der Konzilsteilnehmer – zu befördern; wie weit eben dadurch eine Dynamik in Gang gesetzt wird, die das Konzil erst zu sich selbst kommen lässt, und wie in diesem möglicherweise ungesteuerten Prozess vielleicht auch eine List des Heiligen Geistes entdeckt werden könnte – diese Fragen werden uns weiter beschäftigen.

Die Plattform, die Papst Johannes hier dem Konzil und damit der Kirche anbietet, ist jedenfalls völlig neu. Mit diesen beiden Leitgedanken stellt der Papst die Kirche „in die Welt von heute". Er sieht sie herausgefordert zum Dienst an der gesamten Menschheit. Johannes XXIII. erweist sich als derjenige, der sich der globalisierten Welt bewusst ist, bevor der Begriff „Globalisierung" den Sprachgebrauch erobert. Zum ersten Mal stellt die Kirche sich selbst als weltweite Gemeinschaft „aus allen Völkern und Nationen" greifbar dar. Ein Novum einerseits für die Kirche selbst: Es ist in der Konziliengeschichte tatsächlich das erste Mal, dass alle Völker und Nationen, in denen die Kirche lebt, vertreten sind. Sie werden in ihren Sprachen öffentlich bezeugen, wo sie heute dem Antlitz des auferstandenen Gekreuzigten begegnen. Ein Novum andererseits für die Weltöffentlichkeit: Der Glaube, der hier bezeugt werden soll, erweist sich als sehr konkret angesichts „der Narben der beiden Kriege, die das Antlitz aller Länder tief verändert haben". Die Sendung jedes Einzelnen und der gesamten Kirche wird daran erkennbar, dass jeder aus dem Glauben mit seinem Beitrag an Wissen und Erfahrung der Menschheit einen Dienst leisten soll, nämlich die Narben zu heilen. Johannes plädiert bereits für eine „Globalisierung der Solidarität", die ausdrücklich erst später von Papst Johannes Paul II. programmatisch proklamiert werden sollte. Wenn man diese wenigen Sätze nach mehr als fünfzig Jahren im Licht der seither geschehenen Ereignisse wieder liest und bedenkt, erkennt man ihre prophetische Kraft und Bedeutung.

Das gilt ebenso für den hier zitierten zweiten Gedanken aus der Rundfunkbotschaft. Bemerkenswert an dem zitierten Text ist, dass die Lage der „armen Länder" für das Verständnis der Kirche und ihrer Sendung überhaupt eine Rolle spielt. Es geht eindeutig um die reale Armut des überwiegenden Teils der Menschheit, und besonders bedeutsam daran ist, dass diese Lage Konsequenzen für das Selbstverständnis der Kirche nach sich zieht: Je nach dem, wie man sich zur Frage der Armut in der Welt verhält, wird man auch die Rolle der Kirche einschätzen. Der Papst nennt die armen Völker „unterentwickelte Länder". Das ist nicht einfach als verschleiernder Sprachgebrauch der Sechzigerjahre zu denunzieren. Indem er einige Zeilen später diese Situation als „das Elend, das um Rache schreit" beschreibt, indem er das soziale Elend mit den Zehn Geboten in Verbindung bringt – mit dem fünften Gebot „Du sollst nicht töten", dem sechsten Gebot „Du sollst den anderen Menschen nicht missbrauchen", dem siebten Gebot „Du sollst nicht stehlen" –, lässt er zweierlei durchblicken: erstens, dass die sogenannte Unterentwicklung eine Ungerechtigkeit ist, die Gesellschaften anderen gegenüber zulassen oder begehen, und zweitens, dass dieses Unrecht mit den Geboten Gottes nicht in Einklang gebracht werden kann, also unmittelbar dem Willen Gottes widerspricht. Hiermit stellt sich der Papst an die Seite der armen Völker der Erde. Diese melden sich im Laufe der Fünfziger- und Sechzigerjahre des 20. Jahr-hunderts immer stärker in der Weltöffentlichkeit zu Wort, reklamieren ihre kulturelle Identität, wollen die ungerechten Verhältnisse zwischen den Völkern überwinden und politische Selbstbestimmung durchsetzen. Die Phase kolonialer Beherrschung geht zu Ende. Johannes XXIII. nimmt diese Zeichen der Zeit wahr und weiß sie als Herausforderung für das Selbstverständnis und den Dienst der Kirche zu deuten.

Gegenüber dieser Welt der Armen, die aufgebrochen ist, um das Land des Elends zu verlassen, zeigt sich die Kirche „als das, was sie ist und sein will“. Einerseits deutet der Papst in diesen wenigen Worten wieder an, was er zuvor bereits gesagt hatte: Die Kirche ist Gemeinschaft aus allen Völkern, um die Ermutigung Jesu weiterzugeben: „Erhebet eure Häupter, denn eure Erlösung ist nahe.“ (Lukas 21,27) Andererseits unterstreicht er die Aufgabe für die Zukunft. Wenn die Kirche auch in Zukunft für alle Menschen da sein will, dann muss sie eine Gemeinschaft sein, die das herrschende Unrecht nicht nur in Erinnerung bringt und anklagt, sondern zugleich dafür einsteht, „dass die Verwaltung und Verteilung der geschaffenen Güter allen zum Vorteil gereichen“. Nur ein solches Projekt wird die Kirche zu einem lebendigen Zeichen der Liebe Gottes machen; Gottes Liebe umfasst zwar jeden Menschen ohne Ausnahme („die Kirche aller“), aber zugleich wendet sie sich vorrangig den Unterdrückten und Armen zu, um ihr Schicksal zu wenden („insbesondere die Kirche der Armen“). Beide Aspekte gehören in der biblischen Tradition untrennbar zusammen. Nur der Gott, der die ausgegrenzten Armen befreit, kann auch der Gott aller sein. Nur eine Kirche, die an der Seite der Armen Partei für das Leben aller ergreift, kann auch die Kirche aller sein. Die Armen sind nämlich nicht die besonders betreuungsbedürftige Sektion der Gesellschaft, sondern der Teil, der offenbart, dass die Gesamtgesellschaft die Gaben der Schöpfung nicht gerecht verteilt und damit dem Willen Gottes widerspricht. Die Einsicht des Papstes Johannes hat im Laufe der Zeit dem Leben und der Reflexion der Kirche viel zu denken gegeben. Das lässt sich an der Konzilsdebatte und an der Gruppe zum Thema „Kirche der Armen“ verfolgen.

Die Konzilsgruppe „Kirche der Armen"

Wie das Weltereignis Konzil bewirkt, dass zumeist einander völlig unbekannte Menschen aus unterschiedlichsten sozialen, kulturellen, politischen und ökonomischen Verhältnissen zusammengeführt werden, dass sie durch die Begegnungen entdecken, wie sehr sie sich gemeinsam von Unrecht und Elend herausgefordert fühlen und wie sehr ihr Glaube an den Gott des Lebens dadurch auf die Probe gestellt wird – das lässt sich am Zustandekommen der Gruppe „Kirche der Armen" eindrücklich nachvollziehen.

Auf den Anstoß in der Rundfunkansprache von Johannes XXIII. reagiert unmittelbar die „Gemeinschaft der Gefährten und Gefährtinnen des Zimmermanns Jesus" in Nazaret. Ihr Begründer, Paul Gauthier, Priester der französischen Diözese Dijon, war mit Erlaubnis seines Ortsbischofs und der Zustimmung des Bischofs von Nazaret, Hakim, als Arbeiterpriester in Nazaret tätig geworden. Kurz vor Beginn des Konzils bittet Bischof Hakim von Nazaret den Arbeiterpriester, ihn zum Konzil zu begleiten. Daraufhin entwickelt Gauthier die Idee, den Anstoß von Papst Johannes für das Konzil aufzugreifen. Die Gruppe verfasst ein Dossier, das aus der Sicht Nazarets das Thema „Jesus, die Armen und die Kirche" behandelt. Gauthier und Bischof Hakim nutzen ihre Kontakte zur belgischen Diözese Tournai, um auch den dortigen Bischof Himmer, dessen soziales Engagement und Arbeiterseelsorge sie schätzen, für das Projekt zu gewinnen. Bischof Himmer seinerseits hatte sich in der Vorbereitungsphase des Konzils bereits durch René Voillaume, den Spiritual für die kleinen Brüder und Schwestern Jesu, dazu anregen lassen, Bischöfe vor allem aus Westeuropa mit dem Ziel zusammenzuführen, das Thema „Evangelisierung der Arbeitswelt“ in die Konzilsberatungen einzubringen. Nun schlägt Paul Gauthier kurz vor dem Konzil den beiden Bischöfen Himmer und Hakim vor, gemeinsam eine Initiative zu ergreifen, damit sich auf dem Konzil eine informelle Gruppe bilde, die sich „für eine dienende und arme Kirche“ engagieren könnte.

In den ersten Tagen des Konzils verbreiten Bischof Himmer und Bischof Hakim unter den Konzilsvätern das von der Nazaret-Gruppe verfasste Dossier „Jesus, die Armen und die Kirche“[16]. Aus welchen Quellen der Text schöpft und welche Ziele er verfolgt, lässt sich bereits an wenigen Zitaten erkennen. Wir beschränken uns deshalb darauf, aus Einleitung, Gliederung und Schlussabschnitt zu zitieren:

> Zu dem Zeitpunkt, in dem die Bischöfe, die Nachfolger der Apostel, beim Konzil um den Stellvertreter Christi versammelt sind, möchten diese Seiten dazu beitragen, die Stimmen der Armen, ihre Leiden und Hoffnungen, zu Gehör zu bringen. [...] Weil wir durch [Papst Johannes] ermutigt wurden, möchten wir unsere Konzilsväter einladen, von Rom nach Nazaret zu schauen, hin auf Jesus von Nazaret, der immer lebendig ist in der Person der Armen und der Arbeiter.[17]

Nach dieser Einleitung behandelt die Gruppe das Thema in folgenden Kapiteln:

1) Jesus und die Armen
   a) Jesus hat arm gelebt
   b) Jesus setzt sich den Armen gleich
   c) Die Überlieferung der christlichen Frömmigkeit setzt Jesus den Armen gleich
2) Die Armen und die Kirche
   a) Im Alten Testament ist das Volk der Armen der Knecht Jahwes

b) Im Evangelium gehört das Reich den Armen
c) Jesus hat seine Kirche auf die Armen gegründet
d) Jesus hat seiner Kirche als Weisung gegeben, „weder Gold noch Silber" zu haben
e) Die vom Evangelium geforderten Zeichen der Kirche sind: Güterverteilung, Verkündigung des Evangelium an die Armen, Einheit
f) Die hervorragende Würde der Armen in der Kirche

3) Die Hoffnung der Armen

Im letzten Kapitel des Dossiers werfen die Verfasser die Frage auf:

> Wie kommt es, dass eine Spannung, ein äußerer Riss zwischen der Kirche und dem Volk der Armen aufscheint?[18] [...] Dieser Riss trifft den Leib Christi an seinem empfindlichsten Punkt, denn das Herz Jesu wird zerrissen. [...] Es handelt sich wirklich um ein Schisma im echten Sinne des Wortes. [...] Das Schisma ist eine Häresie geworden.[19] [...] Die Armen und Arbeiter wollen keine Kirche, die sich als Braut Christi bezeichnet und die große Dame spielen möchte mit Ehrenkavalieren, die sich „Herren" nennen lassen und sich in feines Linnen und Purpur kleiden, und die gut essen und trinken wie der Reiche im Gleichnis vom armen Lazarus. Sie wollen eine wahre und echte Kirche, die mit Jesus von Nazaret identisch ist[20]. [...] Es genügt, den Widerhall auch der kleinsten Tat, die in diesem Sinne gesetzt wird, unter dem Volk der Arbeiter und der Armen in der ganzen Welt zu vernehmen, um voraussehen zu können, was eine Bewegung des Gesamtepiskopates in dieser Richtung zustandebrächte. Der Versuch der Arbeiterpriester in Frankreich und anderswo, der Aufschwung der Kleinen Brüder und Schwestern Jesu, der Versuch von Bischof Ancel in Lyon, der in einem Arbeitervorort wohnt und arbeitet, die Arbeitermission „Petrus und Paulus" im Hafen von Bouc, welche die Dockerarbeit von P. Jacques Loew in Marseille fortsetzt, der Aufruf des Abbé Pierre, die Tat des Bischofs Sales in Brasilien, der lieber eine Arbeiterstadt baute als eine

> Kathedrale aus Steinen, die in keinem Verhältnis zu seiner lebendigen Kirche steht, oder des Bischofs Tulio Botero Salazar in Kolumbien, der sein bischöfliches Palais verließ, um in einem Arbeitervorort näher bei Jesus zu wohnen, die Haltung eines Großteils des Klerus in den Streiks in Spanien, die Zeichen der Schlichtheit, der Güte, der Menschlichkeit des Papstes Johannes XXIII. .... alle diese Taten sind bekannt, werden begrüßt und mit Hoffnung von den Arbeitern der fernsten Länder, wie auch hier in Nazaret, kommentiert.[21] [...] Wenn man die Gleichheit Jesu und der Armen und der Kirche und der Armen so ausdrücklich darstellen würde, wie man es beim Geheimnis der Realpräsenz und der Kirche getan hat, dann würden sich die Armen in der Kirche zu Hause fühlen.[22]

Eine Reihe von Konzilsvätern reagiert positiv auf die Vorlage. Sie stoßen in ihr auf Fragen und Probleme, die auch sie beunruhigen. Um diese Resonanz aufzugreifen, laden Bischof Hakim und Bischof Himmer eine Anzahl von Konzilsvätern in Rom zu einem Gespräch ein. Dieses erste Treffen findet am 26. Oktober 1962 im Belgischen Kolleg statt. Zehn weitere Konzilsväter nehmen teil. Kardinal Pierre-Marie Gerlier, Erzbischof von Lyon und 82-jähriger Senior der Gruppe, definiert die Ziele mit folgenden Worten:

> In unserer Epoche hat die Kirche die Pflicht, sensibler auf die Situation zu reagieren, die durch das Leiden so vieler Menschen entstanden, aber auch durch die von manchem Anschein genährte Illusion bedingt ist, dieses Leiden sei nicht die Hauptsorge der Kirche [...]. Wenn ich mich nicht täusche, ist das Problem im Konzilsprogramm nicht, zumindest nicht direkt, vorgesehen. Nun ist aber die Wirksamkeit all unserer Arbeit damit verknüpft. Wenn wir es nicht angehen, lassen wir die aktuellsten Aspekte der Realität des Evangeliums und der Menschheit links liegen [...].[23] Es ist unerlässlich, die Kirche, die nicht reich sein will, von dem Anschein des Reichtums zu befreien. Es ist

notwendig, dass die Kirche als die erscheint, die sie ist: die Mutter der Armen, die besorgt ist, ihren Kindern zuerst das Brot des Leibes und der Seele zu reichen, wie Johannes XXIII. es am 11. September 1962 bekräftigte: „Die Kirche ist und will sein die Kirche aller und besonders der Armen." Sie muss die, welche das Notwendige besitzen, aufrütteln, damit sie sich Sorgen machen, denen zum Notwendigen zu verhelfen, die es noch nicht haben. Wir Bischöfe müssen es dazu bringen, dass das Problem der Evangelisation der Armen, des Apostolats in der Arbeiterwelt, im Mittelpunkt unserer konziliaren Sorgen steht. Das gegenwärtige Konzil muss die Gelegenheit sein, das zu bekräftigen.[24]

Dom Hélder Câmara, damals Weihbischof von Rio de Janeiro, hatte die Einladung zur Mitarbeit in der Gruppe generell zwar angenommen, musste seine Teilnahme für das erste Treffen aber absagen. In seinen „Nachtwachen" verarbeitete er betend und schreibend seine Konzilserfahrungen, Begegnungen und Gespräche. Nahezu täglich schickte er seiner „Familie São Joaquim", dem Freundes- und MitarbeiterInnenkreis, einen Brief mit diesen nächtlichen Notizen. Am 24. Oktober 1962, also wenige Tage nach dem Beginn des Konzils und zwei Tage vor dem ersten Treffen der Gruppe, schildert Dom Hélder, welche Ideen in der Gruppe ausgetauscht werden:

Der Abbé Pierre ist ein guter Freund von Mercier (an dessen Seite standen die Autoren von „Jesus, die Kirche und die Armen", das heute per Luftpost an euch abging) und hatte ihm viel von unseren Plänen erzählt.

Kurz: Es kam die Idee auf, Unterschriften von zwei Dritteln der anwesenden Bischöfe zu sammeln für einen Themenvorschlag über die unterentwickelte Welt. Es soll die Idee von einem christlichen Bandung[25] in Jerusalem (auf halbem Weg zwischen Orient und Okzident) verwirklicht werden, im Beisein des Papstes [...].

Bischof Mercier ist für eine symbolische Geste vonseiten der Konzilsväter: Alle würden ihre Brustkreuze abgeben und stattdessen mit Holzkreuzen heimkehren.

Wir bereiten das Komplott vor. Mercier (mithilfe des Opus Angeli) verfasst den Text und ich trage ihn vor.

Zusammen gehen wir dann zum Kardinal Feltin (er als Verfasser der Rede vor dem Kongress von Pax Christi hat die Verpflichtung, uns zu verstehen und zu unterstützen). Ich werde versuchen, die Kardinäle Montini und Suenens zu gewinnen. Am Freitag werden wir eine Versammlung mit den französischen Bischöfen haben, die, unter der Präsidentschaft von Kardinal Gerlier, reif sind für diese Idee.

Als Allererstes werden wir die unterentwickelte Welt auf unserer Seite haben: Lateinamerika, Asien und Afrika. Aber ich hoffe, auch einen Großteil Europas mitreißen zu können durch die europäischen Bischöfe, die in Afrika und Asien leben und wirken. Wir werden die befreundeten Kardinäle gewinnen. Wir werden Vorträge halten, Begegnungen, Anbetungsstunden, Bußakte organisieren, sowie gemeinsame Abendessen.

Der hl. Franz von Assisi – um uns dieses große Beispiel vor Augen zu halten – hat auf den ersten Blick einfach auch nur das Wort Jesu über seine eingestürzte Kirche wörtlich genommen: Er erneuerte die Kirche von Sankt Damian [...]

*

Ich versetzte mein ICH im Geiste ganz nach Assisi, in *unser* aller Namen, und bat den hl. Franziskus um seinen Segen.

*

Verzeiht mir meine Träume. Die Intention ist so selbstlos und reinen Herzens. Die Liebe zur Kirche so groß. Ich sehe in meinem Traum diese Kirche in vorderster Front, ganz vornean im Einsatz für die Niedrigen und die Armen![26]

Für das zweite Treffen der Gruppe im Belgischen Kolleg, am 5. November, haben sich noch andere Konzilsväter ansprechen lassen: Die Gruppe erweitert sich von zehn auf sechzig, darunter zwanzig aus Lateinamerika und von ihnen wiederum neun aus Brasilien. Die Brasilianer bringen die Erfahrung der brasilianischen Bischofskonferenz mit, die bereits 1952 auf Anregung von Dom Hélder Câmara in Verbindung mit dem damaligen Subsekretär im Vatikan, Giovanni Battista Montini, dem späteren Papst Paul VI., gegründet worden war.

Die Vision von einer armen Kirche soll nicht nur das Komplott einer kleinen Gruppe bleiben, sondern gemeinsamer Beschluss des gesamten Bischofskollegiums werden. Dazu wird mit der Versammlung am 5. November ein weiterer Schritt getan. In dieser Nacht schreibt Dom Hélder:

> Heute hatten wir auch die Sitzung über unterentwickelte Welt und Armut. Mir war es nicht gelungen, bei der ersten Versammlung am 26. Oktober dabei zu sein. Von dieser ersten zur jetzigen zweiten Versammlung verdreifachte sich die Zahl: Heute waren sechzig Bischöfe aus fünf Kontinenten anwesend. Was man so über die Versammlung vom 26. Oktober gehört hatte, wurde heute wieder lebendig durch das von Mons. Mercier (mein bischöflicher Freund aus der Sahara) redigierte Protokoll. Es diente als Ausgangspunkt für die heutige Versammlung. Ihr werdet Euch eine Vorstellung vom Klima dieser Zusammenkünfte machen können. Herrlich! Heute wurde ich gebeten zu sprechen, nachdem unter Vorsitz des sehr beliebten Kardinals Gerlier zunächst Mons. Himmer (Tornai, Belgien) und dann Mons. Mercier das Wort ergriffen hatten.
>
> So bat ich also darum, dass der zu erarbeitende Text die zwei wichtigen Probleme klar voneinander trenne: das Problem der Armut und das der Entwicklung der Dritten Welt. Beide liegen uns sehr am Herzen, aber auf verschiedene Weise.
>
> Ich empfahl, dass unser Herzenswunsch, das Konzil möge das größte soziale Problem unserer Zeit zum Thema machen, uns nicht dazu

verleiten dürfe, zu übersehen, dass das Zweite Vatikanum dringend das Erste ergänzen müsse (Unfehlbarkeit und Primat des Papstes und jetzt: Bischöfe und Laien).

Dementsprechend schlug ich vor, dass wir den Papst bitten sollten (in einem von etwa zweitausend Bischöfen unterzeichneten Dokument), auf dem Konzil eine neue Kommission einzurichten, um einerseits die Problematik der Armut und andererseits die Problematik der Entwicklung der unterentwickelten Welt zu studieren.

Es wurde eine Gruppe beauftragt, dazu gehöre auch ich, die Petition zugunsten einer Konzilskommission für das dritte Treffen (am Montag von 12 bis 16.30 Uhr) vorzubereiten. Am Samstag kommt unsere Gruppe zusammen: Ich muss bis dahin einen Textvorschlag ausarbeiten, der dann am Montag zur Verbesserung vorliegen soll. [...] Alles läuft erschreckend gut. Dem Teufel kann das nicht gefallen. Ganz sicher wird er etwas gegen uns im Schilde führen. [...] Wenn plötzlich alles schief laufen sollte; wenn missdeutet wird, was aus reiner Liebe zur Kirche geschah; wenn als Verschwörung, Großmannssucht oder Dünkel erscheint, was nur dem Hauch der Gnade entspricht, ah ..., dann wird das die vollkommene Freude sein. Es wird das Zeichen dafür sein, dass Gott uns wie das Samenkorn will, das in die Erde fällt und stirbt.

In manus tuas! Deo gratias![27]

Dom Hélder erwähnt in seinem Brief die Ansprache, die sein „bischöflicher Freund" Georges Mercier von Laghouat/Algerien vor der Gruppe gehalten hat. Mercier hatte für seine pastorale Arbeit als Bischof in der Sahara den Plan, daran mitzuwirken, dass die unermesslichen Reichtümer an Öl in seiner riesigen Diözese nicht dazu dienten, reiche Ausländer noch reicher zu machen, sondern sein Volk zu ernähren, in dem einige hundert Menschen jährlich vor Hunger starben. Dieser Bischof beschreibt am 5. November vor der Gruppe „Kirche der Armen", was er vom Konzil erwartet:

Zahlreiche Bischöfe tragen schon ärmere und einfachere Kleidung. Warum nicht noch weiter gehen und die Stelle des Evangeliums buchstäblich nehmen: „Nicht Gold und Silber" auf dem Leibe, in den Insignien der bischöflichen Würde – sie vielmehr aus gewöhnlichem Metall tragen. Die Unterdrückung der weltlichen Ehrentitel für die Bischöfe wäre ebenfalls ein echteres Zeugnis ihres Geistes der Armut. Warum gibt man ihnen nicht den Titel zurück, der Ausdruck ihrer vornehmsten Eigenschaft, ihrer geistlichen Vaterschaft ist: „Vater"? [...] Avantgardistische Bischöfe sind so weit gegangen, schlichte Wohnungen in Armenvierteln zu wählen, um ihre bischöflichen Palais in Schulen umzuwandeln. Wie gern würde man sehen, dass ein solches Beispiel ansteckend wirkte! [...] Die modernen Arbeitsmittel sind unerlässlich für die schnellere Bewältigung der sich häufenden Aufgaben des Apostolats, Bankkonten inbegriffen. Aber welch unermessliches Feld liegt da noch offen für den Geist der Armut aus freier Wahl, zum Beispiel hinsichtlich der Transportmittel, eines Wagens für die Arbeit und niemals, welchen Rang zu wahren es auch gelten mag, eines Luxuswagens! [...] Müsste das Bischofskollegium nicht die Initiative ergreifen für einen freiwilligen Verzicht auf das, was noch an äußeren Zeichen des Reichtums einer glücklicherweise vergangenen weltlichen Gewalt geblieben ist? [...] Unzählig wären für die ganze Kirche die geistlichen Güter, mit denen der Heilige Geist sie überhäufen würde, wenn sie so zu einer „Armen im Geiste" gemäß der ersten Seligpreisung würde. Aus einer wiedergefundenen Armut würde für sie eine Demut folgen, die sie unendlich bereiter für die Antriebe des Heiligen Geistes, offener für die Wege zur Einheit, empfänglicher für das Leid der Welt und großherziger im Dienst der Armen und des Friedens unter den Menschen machen würde.[28]

Mercier formuliert in seiner Ansprache bereits einige Elemente, die drei Jahre später in die Selbstverpflichtungen des Katakombenpaktes aufgenommen werden sollten.

Ein anderer Bischof und enger Weggefährte von Dom Hélder Câmara, der Bischof von Talca in Chile, Manuel Larraín, meldet sich, von diesen Debatten in der Gruppe angeregt, in der Konzilsaula zu Wort. Larraín gehört zum Vorstand der chilenischen Bischofskonferenz und ist zugleich – zusammen mit Dom Hélder Câmara – Vizepräsident des Lateinamerikanischen Bischofsrates CELAM. Am 12. November 1962 bei der Konzilsdebatte über die Liturgiekonstitution sagt er:

> Die Liturgie ist das Andenken an das Ostergeheimnis, den Höhepunkt des Lebens Jesu, der ganz Ausdruck einer offenbaren und bei aller Schönheit wirklichen Armut ist. Das Evangelium verkündet die Armut und redet mit Nachdruck und Härte von den Reichen. [...] Man muss daher bedauern, dass die Faszination der Eitelkeit diese große Wahrheit verdüstert und die menschliche Eitelkeit fördert, statt die Menschen der Wahrheit des Evangeliums gegenüberzustellen. [...] Die Aufgabe der Hirten besteht darin, dass der mystische Leib Christi wirklich die „Kirche der Armen" sei, nicht nur dem Verlangen nach, sondern in der Tat, nicht nur in der Predigt, sondern auch im Tun, in ihren Erscheinungsformen und in der Lebensweise ihrer Diener. Nicht nur die liturgischen Gegenstände und Kleider müssen das Evangelium besser durchspüren lassen, sondern alle Kleider und das ganze Verhalten der Diener der Kirche; denn so entspricht es der schönen Armut Jesu Christi.[29]

Von den Gesprächen und gemeinsamen Aktivitäten im Kreis dieser geistlichen Freunde und Gefährten angesteckt, offenbart Dom Hélder in seinem Brief vom 26. November zugleich Zorn und Hoffnung über die reale Lage der Kirche:

> [Heute erarbeiteten wir] ein Gesamtkonzept, um mit der Gnade Gottes während der drei Konzilsjahre die Heilige Kirche wieder auf die verlorengegangenen Wege der Armut zurückzuführen.
>
> Eine spektakuläre Geste von dreihundert Bischöfen wäre leicht – allzu leicht und verführerisch. Weitere tausend würden sich ihnen – mehr oder weniger verlegen – anschließen. Alle Welt würde auf uns schauen ...

Aber wir würden einige unserer Brüder verbittern, in denen die Gnade noch nicht die Liebe zur Armut bewirkt hat (Für uns wäre es eine ernst zu nehmende Gefahr, als Pharisäer dazustehen: „Wir sind nicht wie diese armen Spießer …")

Weshalb ich jedoch vor allem entschieden war, um Geduld zu bitten (das hat aber nichts mit Passivität zu tun, die Arme kreuzen, Oh nein! Das garantiere ich; Gott weiß es), das hat seinen Grund darin, dass der Papst (auch unser geliebter Johannes XXIII.) sich in einer Zwickmühle befindet, um sich der Tiara zu entledigen und mit dem Vatikan zu brechen …

Den nicht-katholischen Beobachtern, mit denen ich zu Mittag aß […] und die sich über den Pomp in St. Peter erregten, habe ich heute gesagt: „Johannes XXIII. kommt mir vor wie ein Vogel in einem goldenen Käfig." Ein Wort, das ich schon dem Guitton gesagt hatte, einem anderen Ungeduldigen …

So wie in jener Stunde der göttlichen Vorsehung der Papst befreit wurde von den päpstlichen Staaten (und Pius IX. und die Katholiken der ganzen Welt haben das damals nicht verstanden), so wird der Tag kommen, an dem Gott, unser Vater, den Stellvertreter Christi vom Luxus des Vatikan befreien wird. Während der Bombardierung Roms ging mir der Gedanke durch den Kopf, dass Gott handeln würde. Er würde es zulassen, dass eine Bombe all dem ein Ende setzen könnte, was ansonsten aufzugeben unmöglich erschien. Aber selbst das würde nicht aufgehen: Rockefeller würde einen Vatikan wieder aufbauen, noch größer und luxuriöser als zuvor.

Die Reform muss von innen kommen.[30]

Dom Hélder Câmara, der liebenswürdige, zerbrechlich wirkende kleine Bischof, lässt hier tief in sein Inneres blicken und deutet an, welche Dimensionen die notwendige Umkehr der Kirche umfassen muss. Dazu hatten ihm auch die Gespräche mit einem kenntnisreichen Theologen, mit dem Dominikaner Yves Congar, verholfen. Dom Hélder Câmara nennt ihn einen „Mann

Gottes, dessen Sicht von Kirche, dessen Ökumenismus, dessen Nächstenliebe und dessen außergewöhnliche Kultur durch seine gelebte Demut noch mehr zum Leuchten kommen".

Dieser französische Dominikanertheologe Yves M. J. Congar hält am 30. November 1962 vor der Gruppe „Kirche der Armen" einen Vortrag, in dem er darlegt, wie notwendig es ist, das Selbstverständnis und das öffentliche Erscheinungsbild der Amtsträger zu verändern. Sein Thema, „Wie die Kirche ein herrscherliches Aussehen bekam"[31], begründet er mit dem Hinweis darauf, dass es hier um die Sichtbarkeit der Kirche gehe:

> Die Sichtbarkeit ist nicht nur eine sehr bedeutsame theologische Eigenschaft, sie ist eine konkrete entscheidende Eigenschaft. Durch das Äußere, dadurch, dass die Kirche in die Augen fällt, lernen die Menschen sie kennen und werden durch sie zum Evangelium, zu Gott geführt beziehungsweise sollen sie zum Evangelium, zu Gott geführt werden; oder aber sie werden im Gegenteil ferngehalten, abgestoßen oder auf eine mehr materielle Art von Religion, auf ein mehr von soziologischen Verhaltensweisen beherrschtes System als auf eine personale Religion mit ihren geistigen Forderungen hingelenkt. [...] Andererseits tragen unser Äußeres, der Rahmen unseres Lebens, die Art, mit der wir gewöhnlich behandelt werden, das Bild von uns selbst und unserem Amt, das der Ausdruck von all diesem uns liefert, gewaltig zur Formung unserer Vorstellung und unseres Benehmens bei. [...] Kann man alltäglich Privilegien nutzen, ohne schließlich zu der Meinung zu gelangen, sie seien geschuldet? [...] Geehrt, geschmeichelt, in feierlichen und großartigen Formen behandelt werden, ohne sich moralisch auf einen Sockel zu stellen?

Congar will die Sichtbarkeit einer kritischen Prüfung unterziehen, und zwar am Beispiel der Herkunft von Insignien und Titeln. Die erste Zeit, in der politische Machthaber Einfluss auf die Lebensverhältnisse in der Kirche nehmen, ist die des Konstantin:

> Unter Konstantin und nach ihm empfangen die Bischöfe im Rahmen des offiziell christlichen Reiches Privilegien und Ehrenstellen. Sie werden dem Stand der Illustri gleichgestellt und erhalten einen Platz in der staatlichen Hierarchie. [... Und die Liturgie beginnt], sich in einem breiten Zeremoniell zu entfalten, in dem viele Einzelstücke dem Hofzeremoniell entlehnt sind: Prozessionen, aufwändige Kleidung, goldene Möbel und Gefäße, prunkhafte Entfaltung der liturgischen Zeremonien. [...] So fügt man zu dem Heiligen Gottes selbst, das in den wirksamen Geschehnissen der Heilsgeschichte besteht, welche die Menschen annehmen und nutzen, ein Heiliges von zeremonieller Art hinzu.[32]

Die zweite, in ähnlichem Sinne bedeutsame Epoche ist für Congar Mitte des 8. Jahrhunderts die Wende von der merowingischen zur karolingischen Zeit. Hier führt nach Congar der germanische Einfluss dazu, dass man Gebärden hinzufügt, die den Sinn dessen, was man beabsichtigt, symbolisieren sollen:

> Wenn man Gehorsam verspricht, legt man die Hände in die des Oberen; die Investitur erfolgt durch Darreichung von bestimmten Gegenständen oder Übergabe der Insignien.

Noch stärker wirkt sich die sogenannte „konstantinische Schenkung“ aus. Zwar ist diese angeblich von Kaiser Konstantin um 317 selbst ausgestellte „Urkunde“ von Historikern inzwischen als Fälschung aus dem 9. Jahrhundert entlarvt. Aber:

> Im Ganzen hatte sie einen beträchtlichen Einfluss auf das Bestreben, zahlreiche Wirklichkeiten der Kirche denen des Reiches nachzubilden, ausgeübt. [...] Nicht, dass die Päpste selbst sich auf diese legendäre Schenkung berufen hätten. Sie hätten damit anerkannt, dass sie irgendetwas der Verleihung durch eine weltliche Macht verdankten; und

das wollten sie nicht. [...] Aber die imperiale Idee, die durch alle die anschaulichen Requisiten der Insignien, der Titel, der Organisation des römischen Hofes und seiner Ämter, schließlich des Zeremoniells aufrechterhalten wurde, hat weithin die Entwicklung der päpstlichen Ansprüche und die konkrete Regierung der Kirche im imperialen Sinne gelenkt.[33]

Eindrücklich beschreibt Congar hier, wie die Christianisierung des Imperiums mit der Imperialisierung des Christentums erkauft wird. Das Christentum wird zur ideologischen Stütze des Imperiums. Am Ende der historischen Betrachtung stellt Congar die Frage:

Es gibt kein Heiliges Reich mehr, aber viele Insignien, viele Stücke des Zeremoniells und damit der Sichtbarkeit [...] leben in der Kirche noch weiter. Wäre es nicht an der Zeit, fände man nicht allen Segen, wenn man „den kaiserlichen Staub, der sich seit Konstantin auf dem Thron des heiligen Petrus abgesetzt hat, abschütteln würde"? Das Wort stammt von Johannes XXIII.[34] [...] Die Kirche ist aufgerufen, mit den überkommenen Formen der Anwesenheit aus der Zeit, wo sie die Hände hielt, die das Szepter trugen, freimütig zu brechen. [...] Um uns besser begreifen zu lassen, worum es geht, um den Weg zu neuen Formen des Ausdrucks und der Gegenwart zu finden, kann nichts nützlicher sein als ein echtes Gespräch der Kirche mit der Welt, mit den anderen Christen, ein echtes Gespräch innerhalb der Kirche zwischen Klerus und Laien, Peripherie und Zentrum, Seelsorgern und Theologen. [...] Für die Kirche wie für jeden von uns besteht die Gesundheit nicht einfach darin, selbst da zu sein, sondern die wahren Beziehungen zu den anderen zu verwirklichen. Eine Kirche im Dialog wird auch eine arme und dienende Kirche sein, eine Kirche, die ein Wort der Frohbotschaft für die Menschen hat: weniger von der Welt und mehr in der Welt![35]

Diese notwendige Reform, weniger von der Art der Welt zu sein und mehr inmitten der Welt zu leben, bedarf der organisatorischen Stütze. Dazu bildet die Gruppe „Kirche der Armen" am Ende der ersten Konzilsperiode, am 2. Dezember 1962, eine Untergruppe aus dreizehn Bischöfen mit dem Ziel, die Arbeit der Gesamtgruppe zu steuern, und zwar indem sie dafür Sorge trägt, dass in der nächsten Konzilssession wöchentliche Zusammenkünfte stattfinden, dass diese Versammlungen programmatisch vorbereitet und strukturiert sind, aber auch dass die Verbindungen zu den Bischofskonferenzen organisiert gepflegt werden, um diese in den Reflexionsprozess einzubeziehen. Dieser „Animationsgruppe" gehören auch Hélder Câmara und Manuel Larraín wieder an. In einem seiner Konzilsbriefe spricht Dom Hélder davon, dass der „Generalstab" von Himmer, Ancel, Mercier, Gauthier und ihm selbst gebildet wird.[36]

Um also der doppelten Zielsetzung gerecht zu werden, handelt die Gruppe in zwei Richtungen:

Einerseits will sie die Konzilsväter für das Armutsproblem sensibilisieren und andererseits erreichen, dass im Konzil ein Sekretariat für die Hauptprobleme der Zeit, insbesondere für die Armut der Dritten Welt, eingerichtet wird.

Zur Sensibilisierung der Konzilsväter für die Bedeutung des Armutsthemas hatte einerseits das bereits erwähnte Dossier aus Nazaret beigetragen. Darüber hinaus lassen Manuel Larraín und Hélder Câmara in der ersten Sitzungsperiode an die Konzilsväter einen Text verteilen, der „Die Kirche Lateinamerikas in der Stunde des Konzils" beschreibt. Dadurch wollen sie alle mit der realen Lage des Katholizismus in Lateinamerika, dem „katholischen Kontinent", vertraut machen.

Für das zweite Ziel, das Konzils-Sekretariat, entwerfen im Auftrag der Gruppe Weihbischof Ancel und Bischof Himmer am 21. November 1962 einen Brief mit dem Antrag, „sogleich ein Sekretariat zu errichten, um die Aufgaben zu behandeln, die sich der Kirche angesichts der wichtigsten Probleme der Gegenwart stellen". Dreizehn Bischöfe[37] unterzeichnen den Brief. Darin werden vier Arbeitsbereiche genannt, die dem Sekretariat aufgetragen werden sollten:

a) Gerechtigkeit und geschwisterliche Liebe, sowohl im persönlichen als auch im politischen Bereich, besonders gegenüber den Menschen in Entwicklungsländern;
b) Frieden und Einheit der Menschheitsfamilie;
c) Evangelisierung der Armen und jener, die der Kirche entfremdet sind;
d) Die an die Amtsträger und an die Gläubigen gerichtete Forderung des Evangeliums zur Umkehr, insbesondere im Blick auf die Evangelischen Räte und die Armut, die sich nicht allein auf fromme Worte beschränken darf.[38]

Der Antrag richtet sich an den damaligen Staatssekretär und Präsidenten des Sekretariats für außerordentliche Angelegenheiten des Konzils, Kardinal Cicognani, mit der Bitte, ihn dem Papst weiterzureichen.

Die Antragsteller ahnen, in welchen Fallstricken sich ihr Antrag durch Ränke und Machenschaften der vatikanischen Bürokratie verfangen kann. Vorausschauend ergreifen sie Maßnahmen, um sicherzugehen, dass die Bitte den Papst auch tatsächlich erreicht. Unabhängig vom offiziellen Antrag wird ein zusätzlicher Brief direkt an den Papst adressiert. Diesem Brief wird zwar der gleiche Antrag beigefügt, jedoch ergänzt um die konkrete Bitte, der Papst möge seinerseits den Antrag unterstützen. Und zugleich lässt die Gruppe den Papst wissen, welche persönliche Entscheidung jeder von ihnen getroffen hat:

> Wir haben uns voreinander zur Armut und effektiveren Einfachheit in Lebensstil, Gebäudenutzung und Kleidung verpflichtet.

Sie sind sich dessen bewusst, dass die Armut die Umgangsformen durchgreifend verändert.

> Wir übersehen nicht, dass eine solche Erneuerung im heutigen Milieu eine völlige Veränderung der Perspektive nach sich zieht, sodass nur das Konzil in völliger Übereinstimmung mit dem obersten Hirten und mit dauernder Wirkung des Heiligen Geistes in den Seelen einen Ihrer sehnlichsten Herzenswünsche erfüllen kann, nämlich die Kirche der Armen.

Diesen Brief sollte Kardinal Gerlier dem Papst persönlich übergeben. Aber die bereits fortgeschrittene Krebserkrankung hindert Johannes XXIII. daran, Kardinal Gerlier zu empfangen.

Bischof Himmer ergreift noch eine dritte Maßnahme, um zu erreichen, dass der Papst den Brief noch am gleichen Tag in Händen hält. Er übergibt eine weitere Kopie an einen ihm vertrauten Kammerdiener des Papstes.

Das Manöver gelingt: Am gleichen Abend noch lässt Johannes XXIII. Kardinal Gerlier anrufen, um ihm mitzuteilen, dass er alles erhalten habe. Es sei sehr gut gewesen, ihm den Brief direkt zugestellt zu haben. „Zum Zeichen der Gemeinschaft im Heiligen Geist", weil er sich vom Inhalt des Briefes sehr angesprochen fühlt, lässt er Kardinal Gerlier ein persönliches Messbuch übergeben.

Erst vierzehn Tage später, am 6. Dezember, reagiert dagegen der offiziell angeschriebene Kardinalstaatssekretär Cicognani. In seinem Brief teilt er Bischof Himmer mit, dass das Dokument den hochwürdigsten Adressaten erreicht und dass dieser davon Kenntnis genommen habe.[39]

Hélder Câmara seinerseits wird zur Unterstützung des Sekretariats an anderer Stelle initiativ. Am 23. November 1962 schreibt er an Kardinal Suenens die Bitte, das Anliegen in der Konzilskommission für die Außerordentlichen Angelegenheiten zu unterstützen.[40] Kardinal Suenens antwortet Dom Hélder, ein solches Sekretariat entspreche voll und ganz seinen eigenen Vorstellungen. Dom Hélder und Suenens hatten sich bald nach Konzilsbeginn angefreundet und wie „Komplizen" zusammengewirkt. Kardinal Suenens hält sein Wort. In seiner Konzilsansprache vom 4. Dezember 1962 schlägt er die entscheidende Orientierung für den Gang des Konzils vor. Er rät dazu, die weiteren Beratungen nach zwei Aspekten zu unterscheiden: „ad intra" – Kirche, was sagst du über dich zu dir selbst – und „ad extra" – Kirche, was sagst du über dich zur Welt. Und im Zusammenhang des zweiten Aspektes unterbreitet er den Vorschlag, ein Sekretariat für die Probleme der heutigen Welt zu errichten. Mit dieser Intervention bereitet Suenens die später so genannte „Pastoralkonstitution über die Kirche in der Welt von heute" – Gaudium et spes – vor.

In diesen Dezembertagen des Jahres 1962 gewinnt eine weitere Intervention in der Konzilsaula entscheidende Bedeutung. Am 6. Dezember greift Kardinal Lercaro in die Debatte über das Kirchenschema ein. Er hatte sich dafür von Paul Gauthier inspirieren lassen und seine Mitarbeiter Alberigo und Dossetti um Hilfe bei der Formulierung gebeten. Auch Hélder Câmara stand ihm zu Seite, da sie beide im gleichen Hause – in der Domus Mariae – wohnten.

Man erzählt sich, dass Papst Johannes den Kardinal ausdrücklich durch ein Schreiben aufgefordert habe, in der Konzilsaula zu reden. Der Papst weiß von den Verbindungen zwischen Lercaro und der Gruppe „Kirche der Armen". Er weiß, dass Lercaro etwa fünfzig Waisenkinder in seinem eigenen Haus beherbergt. Er weiß, dass manche ihn den „roten Kardinal" nennen. Kardinal Lercaro also spricht schließlich in der Konzilsaula und fordert eine Wende in der Konzilsarbeit.[41] Diese Rede wird von manchen als „Gründungsurkunde" der Gruppe bezeichnet:[42]

> Zwei Monate dienstbereiter freier und brüderlicher Arbeit und Forschung haben mit der Hilfe des Heiligen Geistes uns alle zusammen zu einem besseren Verständnis davon geführt, was dieses Zweite Vatikanische Konzil den gegenwärtigen Menschen vorlegen muss, nämlich das innere Geheimnis der Kirche, die gewissermaßen das große Geheimnis Christi ist. [...] Auf die Offenbarung dieses Geheimnisses Christi in der Kirche [...] will ich ihre Aufmerksamkeit lenken. Ich sage: Das Geheimnis Christi in seiner Kirche ist immer, vor allem aber in der Gegenwart, das Geheimnis Christi in den Armen, denn die Kirche ist, wie der Heilige Vater Johannes XXIII. sagt, gewiss die Kirche aller, vor allem aber der Armen. Als ich die Inhaltsangaben aller Vorlagen, die man uns gestern übergab, durchlas, war ich nicht wenig erstaunt und betroffen durch die folgende Lücke: Alle diese Vorlagen tragen [...] dieser wesentlichen und ursprünglichen Offenbarung des Geheimnisses Christi nicht klar und deutlich Rechnung. Und doch ist dieser Aspekt [...] durch Geburt, Kindheit, das verborgene Leben und öffentliche Wirken Jesu offenkundig geworden; er stellt das Gesetz und die Grundlage des Reiches Gottes dar; er drückt aller Ausgießung des Geistes und dem Leben der Kirche [...] das ihr eigene Zeichen auf. [...] Darum sei zum Abschluss der ersten Session unseres Konzils feierlich bekannt und verkündet: Wir werden unserer Aufgabe nicht genügen, dem Plan Gottes und der Erwartung der Menschen nicht offenen Geistes entsprechen, wenn wir nicht zur Mitte unserer Arbeit in Lehre und Gesetzgebung, ja zur Seele dieses Konzils das Geheimnis Christi in den Armen und seine Botschaft an die Armen machen. ...

Im zweiten Abschnitt seiner Rede greift Kardinal Lercaro Kennzeichen der aktuellen Lage auf, die Lage der einzelnen Armen und der Völker, die im Elend leben, und folgert daraus für die Kirche:

> Wir werden den echtesten und tiefsten Forderungen unserer Zeit (und zwar auch der so großen Hoffnung, dass wir die Einheit aller Christen fördern möchten) nicht gerecht, ja wir entziehen uns ihnen geradezu, wenn wir das Thema der Evangelisation der Armen wie eines neben zahlreichen anderen Konzilsthemen behandeln!
>
> Wenn die Kirche, wie schon mehrfach gesagt wurde, wirklich das Thema dieses Konzils ist, dann können wir in voller Übereinstimmung mit der ewigen Wahrheit des Evangeliums und zugleich in vollem Einklang mit der gegenwärtigen Konjunktur sagen: Das Thema dieses Konzils ist gewiss die Kirche, aber insofern sie vor allem die „Kirche der Armen" ist.

Der Kardinal dringt darauf, den Gedanken Johannes' XXIII. von der „Kirche der Armen" zum Leitgedanken der Konzilslehre über die Kirche zu machen und mit diesem Leitfaden die verschiedenen Themenstränge zusammenzubinden. Die Kirche hat das Evangelium so zu verkündigen, wie Jesus selbst es getan hatte, der Messias der Armen und der arme Messias. Armut ist also nicht nur ein Thema der christlichen Moralverkündigung der Kirche oder der moralischen Verpflichtung der einzelnen Christen, sondern ein Wesensmerkmal der Offenbarung Jesu und des Charakters der Kirche.

Die Gruppe „Kirche der Armen" fühlt ihre Anliegen durch Lercaro biblisch, theologisch, moralisch und kirchenpolitisch angemessen vertreten. Die Mehrheit im Konzil nimmt zur Kenntnis, dass der Erzbischof von einer dringlichen Notwendigkeit gesprochen hatte. Die Rede erschüttert die Väter des

Konzils auch, wird aber – wie der Jesuit Mario von Galli, der Konzilsberichterstatter für deutschsprachige Medien berichtet – gleich wieder überdeckt durch den Abschluss der ersten Konzilsperiode und durch die Nachrichten über die lebensbedrohliche Erkrankung von Johannes XXIII.

Vielleicht ist darüber hinaus der Graben zwischen dem Denken Lercaros und der Mehrheit des Konzils zu groß. Diese – vor allem die mitteleuropäischen und nordamerikanischen Bischöfe – folgt mehr unbewusst als reflexiv dem vermeintlichen Fortschrittsoptimismus der Nachkriegszeit. Sie glaubt eher, dass alle Welt bald dem Vorbild der „entwickelten Welt" und ihrer sozialen Marktwirtschaft folgen werde. Sie hat die Armutsfrage weder theologisch reflektiert, noch das Armutsproblem ökonomisch oder politisch als Verteilungsproblem erkannt und auch „die Grenzen des Wachstums" noch nicht im Blick. Folglich bleibt die Rede Lercaros „ein in einen Teich geworfener Stein, der nur eine leichte Kräuselung der Wasseroberfläche in Form von Applaus und Zustimmung hervorrufen konnte"[43]. Unkommentiert und stillschweigend legt man als Konzil die hier formulierte theologische und kirchliche Herausforderung wieder zu den Akten.

Hélder Câmara zieht am Ende der ersten Sitzungsperiode Bilanz. Er ist nicht nur dankbar für die Idee des Papstes Johannes, ein Konzil einzuberufen, und dafür, dass die mehr als zweitausend Bischöfe tatsächlich zum Konzil zusammengekommen sind, sondern auch

> für die Versammlungen der Armutsgruppe, die aus den Nazaret-Reflexionen hervorgegangen sind: nämlich die Kirche wieder an den verloren gegangenen Wegen der Frau Armut zu orientieren. Und für das Bulletin, um den Kontakt zwischen den Sitzungsperioden fortzuführen.[44]

Das Bulletin wird in der Sitzung des Animationskomitees am 2. Dezember 1962 beschlossen. Durch das Bulletin sollen Anmerkungen, Reflexionen, Ideen, Erfahrungen, Vorschläge zu den Konzilsdebatten miteinander ausgetauscht werden. Paul Gauthier ist der Koordinator der Korrespondenz. Hélder Câmara will selbst ein ausführliches Dokument beisteuern, um den „Gedankenaustausch zwischen Bischofsbrüdern" anzuregen – so der Titel. Er stellt den Text als Visitenkarte vor, mit der dringlich zum Dialog aufgefordert wird.

Ähnlich wie Dom Hélder haben andere Bischöfe den Aufbruch am Beginn des Konzils erlebt. Bischof Marcos McGrath aus Panama, ebenfalls Mitglied der Gruppe, wagt im Rückblick auf die erste Sitzungsperiode sogar zu behaupten:

> Das waren für die Kirche wahrscheinlich die entscheidendsten zwei Monate in letzter Zeit. Es war der historische Scheideweg, an dem diese Kirche durch ihre oberste Hierarchie sich anschickte, vier Jahrhunderte Gegenreformation zu beenden und entschieden die Ära der „Kirche in der Welt von heute" zu beginnen.[45]

Was Bischof McGrath hier aus dem Rückblick im Jahr 1976 bereits konstatiert, lässt sich erst recht aus dem Blickwinkel des Jahres 2015 bestätigen. Das Konzil, das noch von der Epoche der Pius-Päpste geprägt seine Arbeit aufgenommen hat, bringt in diesen zwei Monaten einen Prozess in Gang, der die Abkehr von der konstantinischen Epoche einleitet. Die Rede Lercaros mag im ersten Moment verhallt sein, auf lange Sicht bleibt sie dennoch nicht wirkungslos. Sie erleidet das gleiche Geschick, wie die Arbeit der Konzilsgruppe „Kirche der Armen" insgesamt. Sie vermag hier und da Einfluss auf Verlauf und Ergebnisse der Konzilsdebatte auszuüben. Aber sie bestimmt nicht den Gang der Ereignisse. Dennoch gehört sie zum „geheimen

Vermächtnis" des Konzils und kann wieder ans Licht gehoben werden, wenn die Zeit dafür gekommen ist. Die Herausforderungen und Chancen dieses Vermächtnisses zeichnen sich für die nachkommenden Generationen erst allmählich ab.

Die Konzilsdebatte um die „Kirche der Armen"

Schon in den Monaten nach der ersten Sitzungsperiode sollte sich zeigen, wie sehr die Begegnungen, Gespräche, Eingaben der Gruppe „Kirche der Armen" das Denken und Verhalten von Bischöfen dynamisiert hatten.

Kardinal Montini, der spätere Papst Paul VI., schreibt nach der Rückkehr in seine Diözese Mailand einen Hirtenbrief über das „Geheimnis der Armut im großen Plan der Erlösung". Darin greift er die Anstöße von Kardinal Lercaro auf:

> Die Armut soll das Kleid Christi und das der Seinen sein, wenn wir ihn nachahmen, darstellen und predigen wollen. Die Armen werden die Ersten im Reiche Gottes sein, und die Gesellschaft, die von Christus ausgehen wird, wird nicht auf Prunk, Macht und Vertrauen auf die irdischen Güter gegründet sein, sondern vielmehr auf der Entäußerung der Armut, der sich eine Kraft der Einfachheit beigesellt, die von oben her Hilfe und Unterstützung gewährt. Das ist die Ökonomie des Evangeliums, die in der Kirche der Armen fortbesteht. So hat es Johannes XXIII. gesagt, als er dem stattfindenden Ökumenischen Konzil diesen wichtigen Gegenstand zur Betrachtung und zur Reform vorschlug. Daher müssen wir vor dem Armen eine besondere Hochachtung und eine große Sorge für ihn haben. Er ist das Abbild Christi, er ist davon gleichsam das lebendige Sakrament.[46]

Kardinal Achille Lienart, Bischof von Lille, konzentriert sich auf die Begründung für sein Verständnis einer armen Kirche, wenn er in einem Artikel in *Le Monde* vom 12./13. Mai 1963 schreibt:

> Die Kirche muss ein Antlitz wiedergewinnen, das die Jahrhunderte ein wenig verschleiert haben: das Antlitz der Armut. In der Besinnung darauf, dass die Apostel nur bescheidene galiläische Fischer waren und dass der Herr selbst hat in Armut leben wollen, wird sie sich bemühen, diesem Ideal größere Treue zu wahren.[47]

Der französische Bischof Jean Guyot von Avranches schließt in seinem Hirtenbrief an diesen Gedanken an:

> Jesus hat sich während seines Lebens und bis zu seinem Tod derart mit den Armen gleichgesetzt, dass nach seiner Auferstehung die Armen für immer mit ihm gleichgesetzt bleiben. Bis zum Ende der Zeiten wird der auferstandene Christus auf geheimnisvolle Weise in den Armen wie „in einer ihm neu zugewachsenen Menschheit" gegenwärtig und lebendig sein.[48]

Juan José Iriarte, der Bischof von Reconquista in Argentinien, beklagt sich offen über die „konstantinische Gefangenschaft" der Bischöfe:

> Wie schwer ist es für uns Bischöfe der Kirche Christi des 20. Jahrhunderts, diese Botschaft mitzuteilen, die herkunftsmäßig in die Armut der Menschwerdung, der Krippe und des Kreuzes eingetaucht war, von einem Arbeiter gepredigt wurde, der lebte, ohne auch nur einen Unterschlupf zu haben wie die Füchse [...]. Wir dagegen müssen diese Botschaft von der Höhe unserer marmornen Altäre und Bischofspaläste herab verkünden, dazu im unverständlichen Barock unserer Pontifikalmessen, mit ihrem seltsamen Aufmarsch von Mitren, in den noch befremdlicheren Umschreibungen unserer kirchlichen Sprache. Und zudem treten wir in Purpur gekleidet vor unser Volk [...] und dieses

> Volk kommt und nennt uns „Hochwürdigste Exzellenz" und beugt das Knie, um den Stein unseres Ringes zu küssen. Es ist nicht leicht, sich von dieser tonnenschweren Last der Geschichte und der Gepflogenheit zu befreien.[49]

Auch der deutsche Kardinal Frings von Köln befasst sich in seinem Fastenhirtenbrief von 1963 mit dem äußeren Erscheinungsbild der Amtsträger:

> Die vielerlei äußeren Zeichen und Zeremonien, durch die vor allem der Bischof herausgehoben wird, sind erst im Lauf der Kirchengeschichte entstanden. Vor allem seit den Zeiten des Kaisers Konstantin des Großen, als man die äußeren Ehrenbezeigungen, die den höheren Beamten des Römischen Reiches gezollt wurden, auch auf die Bischöfe übertrug. Die Kirche wäre denkbar auch ohne diese äußeren Ehrenbezeigungen, und in Zeiten und an Orten der Verfolgung muss sie schon jetzt darauf verzichten, was ihrem inneren Leben keinen Abbruch tut.

Der Kardinal ist sich des Dienstcharakters des kirchlichen Amtes bewusst und plädiert in diesem Sinne auch im Konzil. Er problematisiert sogar die herrschaftliche Ausstattung des Amtes im Kontext der Christianisierung des römischen Imperiums. Aber er thematisiert nicht die Auswirkungen dieser Vereinnahmung auf das „innere Leben" der Kirche, dass nämlich die Christianisierung des Imperiums erkauft wird mit einer nicht nur äußerlich erkennbaren Imperialisierung des Christentums. Theologie und Pastoral, Liturgiegestaltung und -sprache, kirchliche Strukturen und Verhaltensweisen werden innerlich davon durchdrungen. Gott ist nicht mehr der Gott der Armen; das Reich Gottes nicht mehr der Widerspruch zu den Reichen dieser Welt, sondern ein „jenseitiges Reich bedürfnisloser Seelen", Jesus nicht mehr der Rebell gegen jegliches Gesetz, das Menschen versklavt, sondern Pantokrator, eine Art jenseitiger Kaiser, und spiritueller Garant des Gesetzes. Die Kirche „verfällt der so schrecklichen Misere spiritueller Weltlichkeit“ (Papst Franziskus). Von diesem Problem wird die Gruppe „Kirche der Armen“ innerlich besonders stark erfasst.

Auch der französische Bischof Guyot von Coutances und Avranches argumentiert in seinem Fastenhirtenbrief ähnlich:

> Im ganzen Lauf der Geschichte sind sowohl in den kirchlichen Sitten als auch im göttlichen Kult selbst Bräuche eingeführt worden, die mehr von der weltlichen Eitelkeit als von der Einfachheit und Brüderlichkeit des Evangeliums inspiriert sind. Man kann mit Recht annehmen, dass das Konzil auf diesem Gebiet den Wünschen vieler Seelsorger und Gläubiger entsprechen wird. [...] Schließlich wird die Kirche ihren wahren Lebensstil nur insoweit finden und Kirche der Armen nur in dem Maß sein, wie jeder Christ sich bemühen wird, aus Christus zu leben und wie er den Geist der Armut zu besitzen.[50]

Schließlich schreibt im August 1963 Bischof Georges Mercier aus der Sahara einen Brief an den nach dem Tod von Papst Johannes XXIII. soeben neu gewählten Papst Paul VI., den ehemaligen Kardinal Montini von Mailand:[51]

> Einer der unbedeutendsten Bischöfe der Welt hat Eurer Heiligkeit noch nicht seine Freude über Ihre Erwählung zum Papst zum Ausdruck gebracht. Er ist der Meinung, dass er es tun und aus dem großen Schweigen heraustreten darf, in das ihn die Sahara taucht. [...] Eine Gruppe von Konzilsvätern, die besonders feinfühlig waren für das ernste Problem der „Kirche der Armen“, hat mir die Abfassung einer Bittschrift anvertraut, die am 21. November des vergangenen Jahres an Seine Heiligkeit Johannes XXIII. gerichtet worden ist. Am selben Tag, da Ihr vielgeliebter Vorgänger den Brief erhalten hatte, hat er sich gewürdigt, die Väter wissen zu lassen, dass er darüber sehr glücklich und von dem „direkten Ton“ besonders berührt war.

Dann spricht Georges Mercier den Wunsch aus, der Papst möge in einem Brief, einer Botschaft oder in einer Enzyklika das Thema „Kirche der Armen“ behandeln, und fährt fort:

> Es möge der Gegenstand dieses Briefes in ganz besonderer Weise das sein, was die Wortmeldung [...] Kardinal Lercaros als wesentlichen Teil dieses Themas hervorgehoben hat: das Geheimnis Christi in den Armen und die Verkündigung des Evangeliums an die Armen, die so gewissermaßen der Mittelpunkt und die Seele der Bemühung um die Lehre und Gesetzgebung auf dem Konzil werden, und damit die Forderungen nach einer evangelischen Erneuerung aus dem Geist der Armut bei den Hirten und bei den Gläubigen. [...] Viele Bischöfe, Priester und Laien haben sich bereits voller Mut aufgemacht, den Weg einer mehr dem Evangelium entsprechenden Einfachheit in ihrer Lebenshaltung, ihren Kleidern, ihren Wohnungen, im Gebrauch der Güter dieser Welt zu beschreiten. Viele andere, die in ihrem Wunsch, arm zu sein, regelrecht gelähmt werden aus der Furcht, sich zu Einzelgängern zu machen, warten, um sich dieser Bemühung anzuschließen, nur auf einen ausdrücklicheren und vertrauensvollen Wink, dass auch ihr oberster Hirt so denkt. [...] Wenn meine Bittschrift etwas kühn ist, Heiliger Vater, dann mögen Sie gütigst ein wenig überlegen, was diese Kühnheit entschuldigen kann: das äußerste materielle Elend der Araber in der Sahara, für die ich seit zwanzig Jahren Verantwortung trage ...

Bemerkenswert ist, dass am gleichen 15. August des Jahres 1963 die Gemeinschaft der Gefährtinnen und Gefährten des Zimmermanns Jesus aus Nazaret an Paul VI. einen Brief schreibt:

> Wir wissen, wie sehr Sie den Arbeitern und Armen nahestehen, und wir haben viel über Ihre Worte und Ihre Taten gelesen, die so ermutigend für die Arbeiter sind. [...] Gehört es als Nachfolger des Petrus nicht zu Ihrem Amte, „die Brüder im Glauben zu bestärken“? Daher

wenden wir uns in diesen Tagen, die der zweiten Konzilssession vorausgehen, an Sie und legen unsere Hoffnung in ihre Hände.

[Kurz vor der ersten Konzilssession hatte Johannes XXIII. fast unvorhergesehen eine Pilgerfahrt nach Loretto und Assisi angetreten.] Möchten Sie nicht ganz einfach vor der zweiten Konzilssession nach Nazaret und nach Betlehem kommen, in das Land Jesu, des Zimmermanns, und Marias, der Mutter und Frau eines Arbeiters, in das Dorf, wo er als Kind in der Krippe liegen wollte? Das wäre ein so schönes Zeichen. Wir laden Sie von ganzem Herzen ein.

Zu Beginn der zweiten Sitzungsperiode des Konzils, die am 29. September 1963 vom neuen Papst Paul VI. eröffnet wird, trifft sich die Gruppe „Kirche der Armen" wieder. Pater Gauthier und Bischof Mercier berichten, dass sie zu ihrer gegenseitigen Überraschung festgestellt hätten, im gleichen Anliegen für eine dienende und arme Kirche an den Papst geschrieben zu haben, ohne voneinander zu wissen. Beide erzählen auch, welche Antwort sie vom Papst erhalten hätten. Bischof Mercier trifft den Papst bei einer Generalaudienz in Castel Gandolfo. Dieser sagt ihm: „Ich habe Ihren Brief erhalten. Ich segne von ganzem Herzen die Arbeit der Gruppe der Armut. Sagen Sie es auch ihren Freunden!"

Paul Gauthier erfährt durch Kardinal Lercaro die Antwort des Papstes:

Paul VI. hat den Brief aus Nazaret vom 15. August und das gesamte Material über die Kirche der Armen erhalten. Er hat mir den Auftrag gegeben, das auf einem dreifachen Gebiet beim Konzil und in der Kirche gut zu vertreten, und zwar hinsichtlich der Lehre, der Pastoral und der Institutionen.[52]

Im Verlauf der zweiten Konzilsperiode intensiviert die Gruppe „Kirche der Armen" ihre Aktivitäten. Nahezu wöchentlich finden Plenarversammlungen statt, insgesamt sechs während dieser Konzilsperiode: am 18. und 25. Oktober, sowie am 8., 15., 22. und 29. November. Die Versammlungen stehen unter der Schirmherrschaft der Kardinäle Giacomo Lercaro (Bologna) und Pierre Marie Gerlier (Lyon) sowie des Patriarchen Maximos IV. (Antiochia der Melkiten). Geleitet wird die Gruppe von den Bischöfen Charles Himmer (Tournai/Belgien) und Georges Hakim (Galiläa) sowie von Pater Paul Gauthier (Nazaret). Zehn weitere Konzilsväter aus unterschiedlichen Kontinenten bilden das sogenannte „Animationskomitee“: Alfred Ancel (Weihbischof von Lyon, Frankreich), Julius Angerhausen (Weihbischof von Essen, Deutschland), Joseph Blomjous (Bischof von Mwanza, Tanganyika), Hélder Câmara (Weihbischof von Rio de Janeiro, Brasilien), Gerard-Marie Coderre (Bischof von St. Jean de Québec, Kanada), Philippe Nguyen Kim-Dien (Bischof von Can Tho, Vietnam), Rafael Gonzalez Moralejo (Weihbischof von Valencia, Spanien), Manuel Larraín (Bischof von Talca, Chile), Georges Mercier (Bischof von Laghouat, Algerien), Guy-Marie Riobé (Bischof von Orléans, Frankreich) und Bernard Yago (Erzbischof von Abidjan, Elfenbeinküste).[53]

Um ihren Einfluss auf das Konzil zu verstärken, um Konzilsinterventionen und Einschübe für die Schemata – die zur Konzilsberatung bestimmten Vorlagen – vorzubereiten, werden in der Armutsgruppe drei Studiengruppen von Bischöfen und Theologen gebildet: zur Theologie der Armut (unter der Leitung von Bischof Himmer); zur Pastoral der Armut (unter der Leitung von Bischof Ancel) und zur Spiritualität der Entwicklung (unter der Leitung von Bischof Câmara). Zu den Zusammenkünften der Gruppe sollen auch immer wieder verschiedene Bischöfe und Experten eingeladen werden.

Kardinal Lercaro ruft zudem die vier Verantwortlichen der Gruppe „Kirche der Armen", Bischof Câmara, Bischof Himmer, Bischof Ancel und Bischof Mercier, zusammen, um gemeinsam den Wunsch des Papstes in die Tat umzusetzen und dafür zu sorgen, dass die Konzilsdokumente von der Gruppe mit beeinflusst würden. Im Oktober 1963 schreibt Dom Hélder über Lercaro: „Der Heilige Vater hat in ihm die Person gefunden, die sich am besten für die Aufgabe eignet, die Schemata des Konzils mit dem Geist einer dienenden und armen Kirche zu prägen.[54] Dom Hélder Câmara selbst ist in der Zeit zwischen der ersten und zweiten Konzilsperiode auch nicht untätig geblieben, hat einen Dreijahresplan in diesem Sinne erarbeitet und denkt daran, diesen Plan der Gruppe bei der Zusammenkunft am 18. Oktober 1963 vorzulegen. Dazu gehört auch der Vorschlag für eine symbolische Intervention. Dom Hélder unterbreitet der Gruppe den Entwurf für eine Petition an den Papst, dem Gottesdienst zum Abschluss der zweiten Konzilsperiode einen besonderen Charakter zu geben:

Heiliger Vater,

1) Bei den großen Feierlichkeiten in der Basilika des heiligen Petrus werden immer die Mitglieder des Römischen Patriziates und das Diplomatische Korps als Ehrengäste geladen.
2) Wir schlagen in kindlichem Vertrauen vor, dass bei den Abschlussfeierlichkeiten der zweiten Sitzungsperiode einmal die Arbeiter und die Armen Roms – als Vertreter aller Arbeiter und Armen der ganzen Welt – als Ehrengäste geladen werden.

Diese Bitte, so meint Dom Hélder, brauche keinerlei Rechtfertigung für den Stellvertreter Christi und ehemaligen Erzbischof von Mailand. Die Petition findet zwar großen Beifall.

Aber in einem weiteren Brief vom 22. November 1963, in dem die Leitungsgruppe den Papst über die laufenden Arbeiten der Gruppe informiert, wird die Sorge erkennbar, die Petition bleibe wirkungslos und die zweite Sitzungsperiode des Konzils könnte zu Ende gehen, „ohne dass auch nur ein einziges Wort zu den wirklich schweren Problemen gesagt worden wäre, die die Menschen unserer Zeit so sehr bedrängen"[55].

Zu den Unterzeichnern gehört auch Manuel Larraín, der während dieser Sitzungsperiode zum Präsidenten des CELAM gewählt wurde. Er und Hélder Câmara erhoffen sich vom Papst Ratschläge und Ermutigung, um mit allen Kräften den Skandal der Kluft zwischen Kirche und Arbeiterschaft zu reduzieren. Solange die Kirche durch dieses schwerwiegende Problem infrage gestellt und verurteilt werde, könne nicht einmal das Konzil als Beweis dafür gelten, dass die Kirche wirklich die Kirche Christi ist.

In der Dritten Sitzungsperiode, im Oktober 1964, erarbeitet die Gruppe ein Dokument, das zwei an den Papst gerichtete Petitionen enthält, nämlich „Einfachheit und evangeliumsgemäße Armut" und „Der vorrangige Dienst für die Evangelisierung der Armen"[56]. Die Gruppe nutzt die Gelegenheit, die ihr die Veröffentlichung der ersten Enzyklika Pauls VI., *Ecclesiam suam* (vom 5. August 1964), bietet. Darin hatte der Papst geschrieben, die Erneuerung der Kirche mache es notwendig, sich wieder dem Geist der evangeliumsgemäßen Armut zu verpflichten, hatte aber auch eingestanden, wie schwer es sei, dem zu entsprechen, und wie sehr er deshalb des Rates und des Beispiels der Bischöfe bedürfe, um die verloren gegangenen Wege der Armut wiederzufinden. In der ersten Petition, „Einfachheit und evangeliumsgemäße Armut", verpflichten sich die Unterzeichner, ihren eigenen Lebensstil stärker an der Einfachheit des Evangeliums zu orientieren:

1. Wir sind bereit, die Hoheitstitel abzulegen (Eminenz, Exzellenz) und als Padres, Bischöfe oder anders bezeichnet zu werden, sodass für unsere einfachen Leute deutlich wird, dass wir zu Christus gehören.
2. [...] Die Liturgiekommission bitten wir voller Respekt, dass die Schönheit [der Liturgie] dieser Einfachheit des Evangeliums entspreche. Im alltäglichen Leben wollen wir einfache Kleidung und Zeichen tragen, an denen unser religiöser Dienst klar erkennbar wird.
3. Durch unseren Lebensstil wollen wir den einfachen Leuten zeigen, dass das Evangelium, das wir ihnen verkündigen, uns anvertraut worden ist.
4. In den Mitteln, die wir für unser pastorales Handeln verwenden, stützen wir unsere Hoffnung nicht auf weltliche Reichtümer, sondern auf die Hilfe Gottes sowie auf die geistliche Stärkung durch Gebet und durch das Wort Gottes.[57]

Hélder Câmara, gerade zum Erzbischof von Recife ernannt, kann, wie er schreibt, „jetzt von der Theorie zur Praxis übergehen“[58] und erwähnt, dass er auf Titel, Luxus-Auto und Bischofspalais verzichten will.

Die zweite Petition, „Der vorrangige Dienst für die Evangelisierung der Armen“, nimmt ebenfalls auf die Enzyklika *Ecclesiam suam* und auf den Entwurf des Schemas XIII Bezug – auf die Vorlage für die spätere Konzilskonstitution „Die Kirche in der Welt von heute“. Die zweite, vom Papst gebilligte Vorlage dieses Dokuments war am 3. Juli 1964 allen Konzilsvätern zugesandt worden.

Dieser Vorrang soll die Ausrichtung unserer Pastoral und die Beauftragung des Klerus bestimmen. Wir beantragen, die Priester, die dazu bereit sind, ihr Leben und ihre Arbeit mit den entchristlichten Industrie- bzw. Landarbeitern oder mit den vielen armen Menschen der Dritten Welt zu teilen, dorthin entsenden zu können, damit sie mit größerer Freiheit das Evangelium verkünden können (1 Korinther 9,12). In einem solchen Fall werden wir in Absprache mit unseren Brüdern im Bischofsamt die Berufungen mit Klugheit für diesen Dienst am Evangelium (Römer 13,8) auswählen, um sie entsprechend zu unterstützen und auszubilden.

Zugleich bemüht sich die Animationsgruppe darum, bei den Konzilsvätern Unterschriften unter diese Dokumente zu sammeln. Am 18. November werden beide Dokumente, die insgesamt von fünfhundert Konzilsvätern unterzeichnet worden sind, deren Namen aber nicht veröffentlicht werden, zusammen mit einem Brief der Gruppe dem Papst übergeben.

Ende November 1964 erreicht den Papst endlich auch das Dokument mit dem Titel: „Die Armut in der Kirche und in der modernen Welt". Daran hatte die von Kardinal Lercaro geleitete Gruppe auf Drängen des Papstes gearbeitet. Der Dominikaner Marie-Dominique Chenu – ebenfalls ein wichtiger Gesprächspartner für die Gruppe „Kirche der Armen" – berichtet, Paul VI. habe daran gedacht, eine Enzyklika über die Armut zu veröffentlichen; das Projekt wird jedoch nicht verwirklicht.[59]

Câmara bezeichnet deswegen die Mitarbeit an der Ausarbeitung von Schema XIII als eine Schlacht und teilt zweifellos die Einschätzung von Paul Gauthier, dass „das Schema XIII die letzte Hoffnung der Armen auf das Konzil" darstelle. Er wolle, dass das Schema XIII die gleiche Bedeutung gewinne wie die Enzyklika *Pacem in terris*, und freut sich daran, dass die brasilianische Linie bestimmend geworden sei.

Bei den Beratungen über das Schema XIII stellt sich heraus, wie sehr die Armutsgruppe unter den Konzilsvätern eine neue Sensibilität für die Frage der Armut bewirkt hat. Viele Konzilsväter fühlen sich durch die Armut in der Welt herausgefordert und bringen dieses Empfinden bei ihren Konzilsinterventionen in der Aula zur Sprache. Kardinal Landázuri Ricketts aus Lima, Peru, spricht vom Ungleichgewicht in der Welt, in der zwei Drittel der Bevölkerung weniger als ein Fünftel des Wohlstands besäßen. Vor allem das Problem des Hungers bedürfe einer größeren Aufmerksamkeit:

> Von den fünfzig Millionen Menschen, die jedes Jahr sterben, sterben fünfunddreißig Millionen an Hunger und Unterernährung. In Seinem Namen, der sich der hungrigen Volksmenge erbarmte, kann diese Versammlung über dieses Problem nicht hinwegsehen.

Sebastião Soares de Resende, der Bischof von Beira in Moçambique, will „nicht nur eine Kirche der Armen, sondern auch eine arme Kirche", und zieht verschiedene Amtsinsignien in Zweifel, wie etwa Ringe und Brustkreuze aus Gold und mit Juwelen besetzte, bunte Gewänder und viele Hoheitszeichen, die mit Christus nichts zu tun hätten. Ein anderer Konzilsvater aus Afrika, Tchidimbo (Conakry, Guinea), kritisiert die westliche Orientierung der Vorlage und glaubt, dass der Grund dafür in einem mangelhaften Verständnis der Armutsproblematik zu suchen sei. Man dürfe das Armutsproblem nicht als eine Herausforderung für karitatives Handeln betrachten, dem sich Europa oder Nordamerika in ihrem Verhältnis zur Dritten Welt verpflichtet fühlen müssten. Es sei vielmehr ein Problem der

> Solidarität aller Mitglieder der Menschheit untereinander. [...] Das Schema wurde für Europa und vielleicht für Amerika konzipiert, doch

> nicht in genügender Weise für die Dritte Welt. [...] Ich finde darin keine Erwähnung der Probleme der afrikanischen Völker – Unterentwicklung, Kolonialismus, Diskriminierung aufgrund von Rasse und Hautfarbe – und keine weiterführende Beschreibung der Strukturen einer neuen Gesellschaft.[60]

Kardinal Silva Henriquez von Santiago de Chile verweist darauf, dass zwischen einer dem Evangelium entsprechenden Armut und einer Armut, die menschenunwürdig ist und der Sünde entstammt, unterschieden werden müsse. Armut im Geist des Evangeliums mache frei und ermögliche ein spirituell erfülltes Leben; die von der Sünde verursachte Armut dagegen versklave und mache ein tugendhaftes Leben unmöglich. Sie zu überwinden sei nötig, aber nicht durch Almosen zu erreichen. Man müsse die Ursachen der sozialen Ungerechtigkeit beseitigen.

Kardinal Lercaro vertritt in der Debatte um die Vielfalt der Kulturen die Ansicht, dass es zuerst nötig sei, „bestimmte wesentliche Veränderungen in der gesamten kulturellen Ordnung innerhalb der Kirche selbst“ vorzunehmen. „Zuerst und vor allem muss die Kirche Tag für Tag nach größerer Armut streben, nach einer evangelischen Armut im Hinblick auf eine kirchliche Kultur.“ Die Kirche könne voller Vertrauen auf die Reichtümer der Vergangenheit, die mit dem Geist unserer Zeit nicht mehr voll in Einklang stünden verzichten. Evangelische Armut bedeute keineswegs „Dummheit und einen schwachen Geist, sondern vielmehr Besonnenheit und das Wissen um die eigenen Grenzen, sowohl Beweglichkeit als auch Großzügigkeit und Kühnheit des Geistes“.

Paul VI. übergibt seine Tiara den Armen und Bedürftigen

Der 13. November 1964 gewinnt in diesem Kontext eine besondere Bedeutung. Patriarch Maximos IV. Saigh, der ebenfalls der Gruppe „Kirche der Armen" angehört, feiert mit zwanzig Konzelebranten und allen Konzilsvätern in Anwesenheit des Papstes die „Göttliche Liturgie des heiligen Vaters Johannes Chrysostomus". Am Ende der Feier verliest Erzbischof Felici, der Generalsekretär des Konzils, eine kurze Botschaft an die Konzilsväter:[61]

> Wir haben bei diesem Konzil viele ernste Dinge über Armut und Hunger gehört, und die reiche Welt hat eine besondere und große Verantwortung. Oft hörte man in der Konzilsversammlung den Schrei, wie dereinst in Palästina vernehmbar: „Mich erbarmt des Volkes!" Die Mutter Kirche hört niemals auf, den Armen und Notleidenden gegenüber Erbarmen und Liebe zu zeigen und gute Werke zu tun. So sie diese Lehre beherzigt und das Beispiel ihres Gründers nachahmt – der, obwohl er reich war, für uns arm geworden ist, auf dass wir durch seine Armut reich werden mögen –, kann die Mutter Kirche die Mutter der Armen, Notleidenden und Bedrängten genannt werden.

Als die Konzilsväter nach dem Verlesen der Botschaft applaudieren, steigt Paul VI. von seinem Thron herab. In seinen Händen trägt er die Tiara, die dreifache Krone, die ihm das Bistum Mailand anlässlich seiner Papstkrönung geschenkt hatte, und stellt sie auf den Zelebrationsaltar. Danach verlässt er die Basilika. Offenbar soll die Niederlegung eine symbolische Geste sein, die für sich selbst spricht. Seitdem trägt weder Paul VI. noch einer seiner Nachfolger je wieder eine Tiara, obwohl kein

Papst formell auf den Gebrauch verzichtet. „Der Papst hätte kein trefflicheres Symbol für Einfachheit und den Verzicht auf weltliche Macht finden können", meint Hélder Câmara. Denn die Tiara ist kein Symbol für die dreifache Würde des Priesters, Propheten und Königs, die allen Christen in der Taufe zugesprochen wird, sondern sie steht für die weltliche Macht des Papstamtes: „Vergiss nie, dass du der Vater der Fürsten und Könige bist, das Haupt der Welt und der Statthalter Jesu Christi", lautet bis zu Paul VI. die Übergabeformel bei der Papstkrönung.

Die Aktivitäten und Eingaben der Gruppe „Kirche der Armen" sowie die Reden und Texte von Kardinal Lercaro werden zweifellos die Entscheidung des Papstes mit beeinflusst haben. Wenige Tage nach diesem symbolischen Akt verabschiedet das Konzil die Kirchenkonstitution *Lumen Gentium*. Die Konstitution macht zwar, anders als ursprünglich von der Gruppe „Kirche der Armen" intendiert und erhofft, das Armutsthema nicht zur Achse des gesamten Dokumentes, aber anerkennt zumindest im Abschnitt 8,3 den „Weg Jesu" als Maßstab des Kirche-Seins und gibt seinem Leben an der Seite der Armen Modellcharakter für das Handeln der Kirche.

> Wie aber Christus das Werk der Erlösung in Armut und Verfolgung vollbrachte, so wird die Kirche gerufen, denselben Weg einzuschlagen, um den Menschen die Früchte des Heiles mitzuteilen. Christus Jesus „hat, obwohl er in Gottesgestalt war, ... sich selbst entäußert, indem er Knechtsgestalt annahm" (Philipper 2,6), und ist unsertwegen „arm geworden, obwohl er reich war" (2 Korinther 8,9): So wird die Kirche, auch wenn sie zur Erfüllung ihrer Sendung menschlicher Mittel bedarf, nicht errichtet, um irdische Ehre zu suchen, sondern um Demut und Selbstverleugnung auch durch ihr Beispiel auszubreiten.

> Christus wurde vom Vater gesandt, „den Armen frohe Botschaft zu bringen, ... die im Herzen Zerknirschten zu heilen" (Lukas 4,18), „zu suchen und heil zu machen, was verloren war" (Lukas 19,10): In ähnlicher Weise umgibt die Kirche alle mit ihrer Liebe, die von menschlicher Schwachheit angefochten sind, ja in den Armen und Leidenden erkennt sie das Bild ihres armen und leidenden Gründers; sie müht sich, ihre Not zu lindern, und sucht Christus in ihnen zu dienen.[62]

Die beiden Aspekte, die seit Konzilsbeginn die Gruppe „Kirche der Armen" immer wieder thematisiert hatte, nämlich evangeliumsgemäße Armut und vorrangiger Dienst an den Armen, werden hier zusammengeführt, als Art und Weise anerkannt, in der biblische Offenbarung sich ereignet, und zum Kernbestand kirchlicher Sendung erklärt. Dieser Abschnitt verändert die Bedeutung des Engagements an der Seite der Armen. Es zählt nicht mehr nur zu den mehr oder weniger strengen moralischen Verpflichtungen, sondern ist Kriterium für die Nachfolge Jesu wie für die Glaubwürdigkeit kirchlicher Praxis. Dieses Dokument ist den Bemühungen der Gruppe zu verdanken – eines der wenigen greifbaren Ergebnisse aus den Konzilsdebatten. Gewiss lassen sich noch andere Bemerkungen und Passagen in Konzilsdokumenten unter dem Stichwort „Arme / Armut" finden. Aber keine kommt an theologischer Bedeutung und Rang dem hier zitierten Abschnitt gleich.

Aus der vierten Sitzungsperiode 1965, aus dem turbulenten Finale des Konzils, ragen für unseren Zusammenhang neben dem Katakombenpakt vor allem zwei Ereignisse heraus: die Reise Pauls VI. nach New York mit seiner Ansprache vor der UNO-Vollversammlung am 4. Oktober 1965, dem kirchlichen Gedenktag des Franziskus von Assisi, sowie die Schlussdebatte und die Abstimmung zum Schema XIII, das jetzt „Pastoralkonstitution über die Kirche in der Welt von heute" genannt wird.

Papst Paul VI. reist als erster Papst in die USA und redet vor der UNO-Vollversammlung. Im Namen des Konzils anerkennt er zum ersten Mal die UNO als organisatorischen Rahmen einer politischen Weltautorität und unterstützt sie moralisch. Besondere Bedeutung gewinnt sein Appell „Nie wieder Krieg" und die Aufforderung, für jeden Menschen ein Leben in Würde zu sichern. Dom Hélder Câmara kommentiert die Rede des Papstes in seiner Nachtwache vom 4. auf den 5. Oktober für seine „Familie":

> Paul VI. zeigte auf beeindruckende Weise, wie wir uns die Kirche in der Welt von heute vorstellen. Ich sagte [den Fernsehzuschauern]: „Habt ihr gesehen, in welcher Einfachheit er auftrat? Wie er sich selbst vorstellte?" „Ich bin einer von euch. Ein Bruder." Und wenn er einen Titel für sich in Anspruch nähme, dann wäre es „Experte in Menschlichkeit" ... (In der Tat habe ich mich sehr gefreut, weil er auf keinerlei Weise an irgendeinen Souverän erinnerte oder an einen Chef der Christenheit ... Er war nicht gekommen, sich bedienen zu lassen, sondern zu dienen).[63]

Die Katakombenpaktbischöfe werden sich in ihrer 11. Selbstverpflichtung auf diese Rede beziehen: Wie Papst Paul es vor der UNO tat, wollen sie selbst vor der Weltöffentlichkeit das Evangelium bezeugen.

Die „Pastoralkonstitution über die Kirche in der Welt von heute" wird zum Symbol für den Ortswechsel der Kirche: Sie will ihren Glauben, dass eine andere, „zum Heil der Menschen bestimmte" Welt möglich ist, im Heute der Menschen bezeugen.[64]

> Die Kirche wird kraft ihrer Sendung, den gesamten Erdkreis mit der evangelischen Botschaft zu erhellen und alle Menschen jedweder Nation, Rasse oder Kultur zu einem Geist zu einen, zum Zeichen jener Brüderlichkeit, die einen aufrichtigen Dialog erlaubt und stärkt. [...] Da Gott, der Vater, Ursprung und Ziel von allem ist, sind wir alle dazu berufen, Brüder zu sein. Und deshalb können und müssen wir, in eben dieser menschlichen und göttlichen Berufung berufen, ohne Gewalt, ohne List zusammenarbeiten, um eine Welt in wahrem Frieden aufzubauen. (GS 92)

Deshalb bricht sie kirchliche Gewohnheiten auf und wendet neue Methoden im Umgang mit Welt und Menschen an. Neben *Lumen Gentium* ist *Gaudium et spes* die zweite Kirchenkonstitution des Zweiten Vatikanischen Konzils. Hier erklärt sich die Kirche selbst als Weltkirche, für die es kein fremdes Leid gibt:

> Freude und Hoffnung, Trauer und Angst der Menschen dieser Zeit, besonders der Armen und Bedrängten aller Art, sind Freude und Hoffnung, Trauer und Angst auch der Jünger Christi. (GS 1).

Dom Hélder Câmara schreibt in der Nacht vom 11./12. November:

> Das Schema XIII, das berühmte Schema XIII, welches morgen die Pastoralkonstitution über die Kirche in der Welt von heute sein wird, spricht so klare Worte, wie ein Konzil sie nur sprechen kann. An uns liegt es, aus dem, was das Konzil sagt, Schlussfolgerungen für unser Handeln zu ziehen.[65]

Das Animationskomitee in der Gruppe „Kirche der Armen" konzentriert seine Aktivität im Laufe der letzten Sitzungsperiode des Konzils wieder auf die beiden Ziele, in der Kirche ein Sekretariat für die Förderung von Gerechtigkeit und Entwicklung in der Welt einzurichten, und die Konzilsväter für die soziale Frage zu sensibilisieren.

Mehrfach war bereits ein solches Sekretariat von verschiedenen Konzilsvätern in der Aula gefordert worden. Nun sollten Anträge eingebracht werden. Aber wieder werden sie abschlägig beschieden. Erst zwei Jahre später reagiert Paul VI. mit der Gründung der Päpstlichen Kommission „Justitia et Pax".

Die zweite Initiative allerdings erweist sich als wirksamer. Die Gruppe „Kirche der Armen" wird die beiden Anträge mit den eigenen begrenzten Kräften in die Tat umsetzen. Bischof Georges Haddad, Erzbischof von Tyros, entwirft, aufgefordert von einem Dutzend anderer Konzilsväter aus verschiedenen Ländern, einen Text, der ein eindeutiges Engagement für die Nachkonzilszeit bedeuten soll. Darin führt er zusammen, was einzelne Mitglieder und Kleingruppen bereits gelegentlich formuliert hatten. Der Text soll sich an alle Konzilsväter richten. Er ist jedoch nicht in erster Linie dazu gedacht, sie um ihre Unterschrift zu bitten oder sich gar darauf öffentlich zu verpflichten. Der Text soll mehr im Sinne einer Meditationsvorlage und eines Gewissensspiegels Verwendung finden. Es sind nur Vorschläge, deren konkrete Anwendung stets abhängig ist von den Umständen des jeweiligen Ortes bzw. von den sozialen und kulturellen Bedingungen, in denen das Engagement praktiziert werden soll. In einer Pressekonferenz spricht Bischof Hélder Câmara über den Text. Einer der Journalisten bezeichnet ihn spontan als „Schema 14". Diese Bezeichnung wird von den übrigen Journalisten prompt aufgegriffen und verbreitet.

Am 3. Oktober 1965 schreibt Dom Hélder in seinem Konzilsbrief:[66]

> Morgen Abend werde ich, so Gott will, der Gruppe der Armut einen Vorschlag mit Selbstverpflichtungen unterbreiten, welche von Konzilsvätern, die mit Cardijn[67] in den Katakomben konzelebrieren, und

von weiteren Bischöfen, die auch diese Verpflichtungen übernehmen möchten, unterschrieben werden.

Bevor im nächsten Kapitel der Katakombenpakt im Wortlaut vorgestellt wird, ist noch kurz daran zu erinnern, welchen Einfluss die Gruppe auf den Verlauf des Konzils gewinnen konnte.

Die Rolle der Gruppe lässt sich angemessen in dem Titel resümieren, den einer der Konzilshistoriker formuliert hat: „Eine engagierte Randgruppe". Sie kann zwar das gesamte Textkompendium des Konzils inhaltlich nur an wenigen Stellen prägend beeinflussen. Aber dank ihrer unermüdlichen Arbeit ruft sie erhebliche Wirkungen im Denken vieler Bischöfe hervor. Das sollte sich in der nachkonziliaren Zeit erweisen. Die Gruppe ist jedenfalls davon überzeugt, dass ihre Arbeit über die Liebe zu den Armen und über den evangeliumsgemäßen Geist der Armut wie ein Saatkorn, in die Erde geworfen, wirkt. Geist und Herzen der Bischöfe seien davon durchdrungen. Es werde in ihnen weiter heranreifen. Es brauche eben Zeit, Mentalitäten zu verändern.

Der Katakombenpakt: „Für eine dienende und arme Kirche"

Die Zelebration, in deren Verlauf die Gruppe die Selbstverpflichtungen unterzeichnen will, wird für den 16. November festgelegt, und zwar in der Domitilla-Katakombe auf der Via Ardeatina. Es ist zu vermuten, dass die Wahl des Ortes einerseits davon bestimmt ist, kein öffentliches Aufsehen zu erregen, sondern sich still und verschwiegen gegenseitig in der Umkehr „zu einer dienenden und armen Kirche“ zu bestärken, „die von innen kommen muss“. Die Wahl des Ortes wird aber ebenso von der Deutung mit beeinflusst worden sein, die Papst Paul VI. der Domitilla-Katakombe gibt, als er am Vorabend der vierten Sitzungsperiode des Konzils, am 12. September, dort eine heilige Messe feiert und dabei an die Anfänge der Kirche erinnert:[68]

> Für uns sind [die Katakomben] das Andenken an eine lange Geschichte der Verheimlichung, der Unpopularität, der Verfolgung und des Martyriums, der in Rom und in vielen Teilen seines Reiches in den ersten Jahrhunderten des Christentums die Kirche unterworfen wurde; zugleich sind sie das Bild und das Andenken eines gedemütigten Glaubensbekenntnisses, das für immer vorbildlich sein wird in den folgenden Jahrhunderten [...]. Hier reifte im Christentum das Bewusstsein seines unveräußerlichen Engagements heran, nicht lauthals, nicht leichtsinnig, nicht aggressiv der organisierten Ablehnung entgegenzutreten, die durch das gnadenlose Wort des Magistrats legalisiert war: „non licet esse cristianos“ (es ist nicht erlaubt, Christ zu sein). Hier schlug das Christentum immer tiefere Wurzeln durch die Armut, durch die Ächtung seitens der Herrschenden, durch das Erdulden ungerechter und blutiger Verfolgungen; hier war die Kirche jeder menschlichen Macht beraubt, war sie arm, demütig, fromm, unterdrückt, unerschrocken. Hier wurde der Vorrang des Geistes, von dem das Evangelium spricht, [...] auf unvergleichliche Weise durch das Martyrium bestätigt.
>
> Seht also, geliebte Brüder und Söhne, warum wir am Vorabend der letzten Sitzungsperiode des Ökumenischen Konzils zu den Katakomben gekommen sind: Wir sind gekommen, um an den Quellen zu trinken, wir sind gekommen, [...] um Kraft und Argument zu schöpfen für die heutige Nachfolge; wir sind gekommen, um jung und authentisch zum Bekenntnis des Glaubens zurückzukehren, das die Jahre nicht verbraucht, sondern untermauert haben.

Bischof Himmer verschickt Einladungen an die Mitglieder der Gruppe „Jesus, die Armen und die Kirche" und auch an jene Konzilsväter, die sich bei Anträgen ans Konzil mit der Gruppe solidarisiert hatten. Zirka vierzig Bischöfe reagieren positiv auf die Einladung. Während der Messfeier unterzeichnen sie das Dokument. Am 7. Dezember wird der Text an alle Konzilsväter verteilt, ohne die Namen der Erstunterzeichner zu publizieren. Dass man sich entscheidet, den Text des Katakombenpaktes am Vorabend des Konzilsendes allen zugänglich zu machen, gibt den Willen zu erkennen, das Anliegen weiterhin aktiv zu vertreten, aber auch die Entscheidungsfreiheit jedes einzelnen Konzilsvaters zu respektieren.

Der hier vorgelegte Text ist eine Übersetzung der von Pater Paul Gauthier dokumentierten Vorlage.[69] Die in kleinerer Schrift eingefügten Kommentare sollen Verstehenshilfen für den jeweiligen Abschnitt bieten. Die den einzelnen Selbstverpflichtungen in Klammern beigefügten biblischen Verweise sind mehr als bloß „technische" Hinweise. Sie dokumentieren die in der Heiligen Schrift verwurzelte Spiritualität der Selbstverpflichtungen. Es empfiehlt sich, anhand der Bibel diese Texte mitzulesen, um die in den Selbstverpflichtungen vorgenommene Deutung der neutestamentlichen Texte nachvollziehen zu können.

Der Text der Selbstverpflichtungen wird durch eine *Präambel* eingeleitet:

Als Bischöfe,

- die sich zum Zweiten Vatikanischen Konzil versammelt haben;
- die sich dessen bewusst geworden sind, wie viel ihnen noch fehlt, um ein dem Evangelium entsprechendes Leben in Armut zu führen;

- die sich gegenseitig darin bestärkt haben, gemeinsam zu handeln, um Eigenbrötelei und Selbstgerechtigkeit zu vermeiden;
- die sich eins wissen mit all ihren Brüdern im Bischofsamt;
- die vor allem aber darauf vertrauen, durch die Gnade unseres Herrn Jesus Christus sowie durch das Gebet der Gläubigen und Priester unserer Diözesen bestärkt zu werden;
- die in Denken und Beten vor die Heilige Dreifaltigkeit, vor die Kirche Christi, vor die Priester und Gläubigen unserer Diözesen hintreten;

nehmen wir in Demut und der eigenen Schwachheit bewusst, aber auch mit aller Entschiedenheit und all der Kraft, die Gottes Gnade uns zukommen lassen will, die folgenden Verpflichtungen auf uns:

Die ersten beiden Abschnitte beziehen sich auf einen einfachen, dem Evangelium entsprechenden Lebensstil, wie er in der ersten der beiden Eingaben während der dritten Konzilsperiode thematisiert worden war. Aber die Thematik war bereits seit den ersten Konzilstagen präsent: im Dossier „Jesus, die Armen und die Kirche", in der Bildung der Gruppe „Kirche der Armen" und in deren regelmäßigen Treffen zur Vertiefung der Erkenntnisse, in den Eingaben ans Konzil, in den Konzilsreden einzelner Bischöfe. Die Selbstverpflichtungen, die die unterzeichnenden Bischöfe hier nun eingehen, sind nur ein erster Schritt.

1. Wir werden uns bemühen, so zu leben, wie die Menschen um uns her üblicherweise leben, im Hinblick auf Wohnung, Essen, Verkehrsmittel und allem, was sich daraus ergibt. (vgl. Matthäus 5,3; 6,33–34; 8,20)
2. Wir verzichten ein für allemal darauf, als Reiche zu erscheinen wie auch wirklich reich zu sein, insbesondere in unserer

Amtskleidung (teure Stoffe, auffallende Farben) und in unseren Amtsinsignien, die nicht aus kostbarem Metall – weder Gold noch Silber – gemacht sein dürfen, sondern wahrhaft und wirklich dem Evangelium entsprechen müssen. (vgl. Markus 6,9; Matthäus 10,9–10; Apostelgeschichte 3,6)

Die Abschnitte 3 *und* 4 gehen erheblich weiter. Denn sie beziehen sich exemplarisch auf die Verwaltung der Besitztümer, meinen jedoch auch die Annullierung jeglicher Machtposition in „konstantinischer" Verquickung mit dem Staat. Die Anerkennung der gleichen Würde aller Mitglieder des Volkes Gottes vor allen unterschiedlichen Funktionen soll auch strukturell erfahrbar werden. Der Bischof soll wirklich frei sein, das Evangelium ausreden zu lassen:

3. Wir werden weder Immobilien oder Mobiliar besitzen noch mit eigenem Namen über Bankkonten verfügen; und alles, was an Besitz notwendig sein sollte, auf den Namen der Diözese bzw. der sozialen oder karitativen Werke überschreiben. (vgl. Matthäus 6,19–21; Lukas 12,33–34)
4. Wir werden, wann immer dies möglich ist, die Finanz- und Vermögensverwaltung unserer Diözesen in die Hände einer Kommission von Laien legen, die sich ihrer apostolischen Sendung bewusst und fachkundig sind, damit wir Apostel und Hirten statt Verwalter sein können. (vgl. Matthäus 10,8; Apostelgeschichte 6,1–7)

Die Abschnitte 5, 6 *und* 7 konkretisieren den Abschied von „konstantinischer" Verquickung weiter: keine Karrieresucht, keine Anpassung an die weltlichen Symbole von Anerkennung, Macht und Herrschaft, die das Evangelium fesseln.

5. Wir lehnen es ab, mündlich oder schriftlich mit Titeln oder Bezeichnungen angesprochen zu werden, die gesellschaftli-

che Bedeutung oder Macht zum Ausdruck bringen (Eminenz, Exzellenz, Monsignore ...). Stattdessen wollen wir als „Padre“ angesprochen werden, eine Bezeichnung, die dem Evangelium entspricht. (vgl. Matthäus 20,25–28; 23,6–11; Johannes 13,12–15)

6. Wir werden in unserem Verhalten und in unseren gesellschaftlichen Beziehungen jeden Eindruck vermeiden, der den Anschein erwecken könnte, wir würden Reiche und Mächtige privilegiert, vorrangig oder bevorzugt behandeln (z. B. bei Gottesdiensten und bei gesellschaftlichen Zusammenkünften, als Gäste oder Gastgeber). (vgl. Lukas 14,12–14; 1 Korinther 9,14–19)

7. Ebenso werden wir es vermeiden, irgendjemandes Eitelkeit zu schmeicheln oder ihr gar Vorschub zu leisten, wenn es darum geht, für Spenden zu danken, um Spenden zu bitten oder aus irgendeinem anderen Grund. Wir werden unsere Gläubigen darum bitten, ihre Spendengaben als üblichen Bestandteil in Gottesdienst, Apostolat und sozialer Tätigkeit anzusehen. (vgl. Matthäus 6,2–4; Lukas 16,9–13; 2 Korinther 12,14)

Der Abschnitt 8 bezieht sich auf die Perspektive, die Welt in erster Linie mit den Augen der Armen zu betrachten. Man könnte es wagen, diesen Abschnitt als Vorläufer der sogenannten „opción por los pobres“ anzusehen, der „Option wegen der Armen“. Weil es Arme gibt, haben wir eine Option zu treffen. Allein die Existenz der Armen, allein die Existenz derer, die „vor der Zeit“ sterben, ist der Nachweis dafür, dass mit der Welt etwas nicht stimmt. Die Bischöfe des Katakombenpaktes sind bereit, die Entscheidung zu korrigieren, die der Vatikan (im September 1959 durch einen Brief von Kardinal Pizzardo) gegen die Arbeiterpriester in Frankreich getroffen hatte. Sie werden die Mitarbeiter und Mitarbeiterinnen unterstützen, die in die Fabriken, in die Elendsviertel, in die weit entlegenen Landzonen gehen wollen, dorthin, wo die ärmsten Bevölkerungsschichten leben, um von ihnen aus das Evangelium vom Leben für alle in Wort und Tat zu proklamieren.

8. Für den apostolisch-pastoralen Dienst an den wirtschaftlich Bedrängten, Benachteiligten oder Unterentwickelten werden wir alles zur Verfügung stellen, was notwendig ist an Zeit, Gedanken und Überlegungen, Mitempfinden oder materiellen Mitteln, ohne dadurch andere Menschen und Gruppen in der Diözese zu vernachlässigen.

Alle Laien, Ordensleute, Diakone und Priester, die der Herr dazu ruft, ihr Leben und ihre Arbeit mit den Armgehaltenen und Arbeitern zu teilen und so das Evangelium zu verkünden, werden wir unterstützen.

(vgl. Lukas 4,18f.; Markus 6,3; Matthäus 11,4–5; Apostelgeschichte 18,3–4; 20,33–35; 1 Korinther 4,12; 9,1–27)

Mit den Abschnitten 9 und 10 verpflichten sich die Unterzeichner, das Evangelium der Gerechtigkeit in den ihm entsprechenden gesellschaftlichen Strukturen sichtbar zu machen. Sie wissen, dass die großen Hoffnungen in kleinen Schritten verwirklicht werden müssen, dass die Visionen Institutionen brauchen, um die Realität humaner zu gestalten und eine gerechtere gesellschaftliche Ordnung zu sichern.

9. Im Bewusstsein der Verpflichtung zu Gerechtigkeit und Liebe sowie ihres Zusammenhangs werden wir daran gehen, die Werke der „Wohltätigkeit" in soziale Werke umzuwandeln, die sich auf Gerechtigkeit und Liebe gründen und alle Frauen und Männer gleichermaßen im Blick haben. Damit wollen wir den zuständigen staatlichen Stellen einen bescheidenen Dienst erweisen. (vgl. Matthäus 25,31–46; Lukas 16,12–14 und 19–31)

10. Wir werden alles dafür tun, dass die Verantwortlichen unserer Regierung und unserer öffentlichen Dienste solche Ge-

setze, Strukturen und gesellschaftlichen Institutionen schaffen und wirksam werden lassen, die für Gerechtigkeit, Gleichheit und gesamtmenschliche harmonische Entwicklung jedes Menschen und aller Menschen notwendig sind. Dadurch soll eine neue Gesellschaftsordnung entstehen, die der Würde der Menschen- und Gotteskinder entspricht. (vgl. Apostelgeschichte 2,44f.; 4,32–35; 5,4; 2 Korinther 8,1–15 und 2 Korinther 9,6–7)

Der Abschnitt 11 dehnt die Perspektive der Selbstverpflichtungen auf die gesamte Menschheit aus. Im Konzil selbst hatten die Bischöfe eine „globalisierte" Kirche erfahren (obwohl vor fünfzig Jahren noch niemand von „Globalisierung" redete); sie entdeckten dadurch neu, was katholisch über das rein konfessionalistische Verständnis hinaus bedeutete, und fühlten sich in ihrem Amt auch weltpolitisch herausgefordert, „wie es Paul VI. vor der UNO tat". Bemerkenswert ist in diesem Abschnitt darüber hinaus die Feststellung, dass die Kollegialität der Bischöfe erst dann dem Evangelium gerecht wird, wenn sie sich von der „Option wegen der Armen" her versteht.

11. Weil die Kollegialität der Bischöfe dann dem Evangelium am besten entspricht, wenn sie sich gemeinschaftlich im Dienst an der Mehrheit der Menschen – zwei Drittel der Menschheit – verwirklicht, die körperlich, kulturell und moralisch im Elend leben, verpflichten wir uns:

- Gemeinsam mit den Episkopaten der armen Nationen dringliche Projekte zu verwirklichen, entsprechend unseren Möglichkeiten;
- Auch auf der Ebene der internationalen Organisationen das Evangelium zu bezeugen, wie es Papst Paul VI. vor den Vereinten Nationen tat, und gemeinsam dafür einzutreten, dass wirtschaftliche und kulturelle Strukturen geschaffen werden, die der verarmten Mehrheit der Menschen einen Aus-

weg aus dem Elend ermöglichen, statt in einer immer reicher werdenden Welt ganze Nationen verarmen zu lassen. (vgl. 1 Korinther 12,12–26; 2 Korinther 8; 1 Johannes 3,11–18)

Der Realismus der Unterzeichner erweist sich auch daran, dass sie den Ausgangspunkt für ihr Engagement in ihren jeweiligen Diözesen sehen, von dort aus die andere Kirche zu realisieren suchen, die für eine andere Welt einsteht. Vom geschwisterlichen Prozess in den jeweiligen Ortskirchen – mit der Offenheit für den interreligiösen Dialog – handeln die beiden letzten Abschnitte der Selbstverpflichtungen.

12. In pastoraler Liebe verpflichten wir uns, das Leben mit unseren Geschwistern in Christus zu teilen, mit allen Priestern, Ordensleuten und Laien, damit unser Amt ein wirklicher Dienst werde. In diesem Sinne werden wir

- gemeinsam mit ihnen „unser Leben ständig kritisch prüfen";
- sie als Mitarbeiterinnen und Mitarbeiter verstehen, sodass wir vom Heiligen Geist inspirierte Animateure werden, statt Chefs nach Art dieser Welt zu sein;
- uns darum bemühen, menschlich präsent, offen und zugänglich zu werden.
- uns allen Menschen gegenüber offen erweisen, gleich welcher Religion sie sein mögen. (vgl. Markus 8,34f.; 1 Petrus 5,1–4)

13. Nach der Rückkehr in unsere Diözesen werden wir unseren Diözesanen diese Verpflichtungen bekanntmachen und sie darum bitten, uns durch ihr Verständnis, ihre Mitarbeit und ihr Gebet behilflich zu sein.

Gott helfe uns, unseren Vorsätzen treu zu bleiben.

Konzelebrierende Bischöfe und Erstunterzeichner bei der Eucharistiefeier am 16. November 1965 in der Domitilla-Katakombe, Rom

1. Die Zelebration präsidierte: P. Charles M. Himmer, Bischof von Tournai, BELGIEN
2. P. Antônio Batista Fragoso, Bischof von Crateús, BRASILIEN
3. P. Francisco Austregésilo de Mesquita Filho, Bischof von Afogados de Ingazeira, BRASILIEN
4. P. João Batista da Mota e Albuquerque – Erzbischof von Vitoria, BRASILIEN
5. P. Luiz Gonzaga Fernándes, Weihbischof von Vitória, BRASILIEN
6. P. Jorge Marcos de Oliveira, Bischof von Santo André, BRASILIEN
7. P. Henrique Golland Trinidade O.F.M. Erzbischof von Botucatu, BRASILIEN
8. P. José M. Pires, Erzbischof von Paraiba, BRASILIEN
9. P. Cándido Padin, Bischof von Lorena, BRASILIEN
10. P. José Alberto Lopes de Castro Pinto, Weihbischof von Rio de Janeiro, BRASILIEN
11. P. Georges Mercier, Bischof von Laghouat/Sahara, ALGERIEN
12. P. Georges Hakim, Melkitischer Bischof von Galiläa, ISRAEL
13. P. Georges Haddad, Melkitischer Weihbischof von Beirut, LIBANON
14. P. Gérard-Marie Coderre, Bischof von Saint Jean Québec, KANADA
15. P. Rafael González, Weihbischof von Valencia, SPANIEN
16. P. Julius Angerhausen, Weihbischof von Essen, DEUTSCHLAND
17. P. Guy-Marie Riobé, Bischof von Orléans, FRANKREICH
18. P. Gerard M. Huyghe, Bischof von Arras, FRANKREICH
19. P. Adrien Gand, Weihbischof von Lille, FRANKREICH
20. P. Luigi Betazzi, Weihbischof von Bologna, ITALIEN
21. P. Bernard Yago, Erzbischof von Abidjan, ELFENBEINKÜSTE
22. P. Joseph Blomjous, Bischof von Mwanza, TANZANIA
23. P. Charles Joseph de Melckebeke aus Ning Hsia, CHINA, ausgewiesen, daher wohnhaft in SINGAPUR – Apostolischer Visitator der kath. Diaspora in CHINA
24. P. Alberto Devoto, Bischof von Goya, ARGENTINIEN

25. P. Manuel Larraín, Bischof von Talca, CHILE, Präsident des Lateinamerikanischen Bischofsrates CELAM
26. P. Marcos McGrath, Bischof von Santiago de Veraguas, PANAMA, Sekretär des CELAM
27. P. Leonidas Proaño, Bischof von Riobamba, ECUADOR
28. P. Vicente Faustino Zazpe, Bischof von Rafaela, ARGENTINIEN
29. P. Juán José Iriarte, Bischof von Reconquista, ARGENTINIEN
30. P. Alfredo Viola, Bischof von Salto, URUGUAY
31. P. Marcelo Mendiharat Pommies, Bischof-Koadjutor von Salto, URUGUAY
32. P. Tulio Botero Salazar, Erzbischof von Medellín, KOLUMBIEN
33. P. Raúl Zambrano Camader, Bischof von Facatitavá, KOLUMBIEN
34. P. Anibal Muñoz Duque; Erzbischof von Nueva Pamplona, KOLUMBIEN
35. P. Angelo Cuniberti, Apostolischer Vikar von Florencia, KOLUMBIEN
36. P. Miguel Antonio Medina Medina, Bischof von Montería, KOLUMBIEN
37. P. Enrique Angelelli, Weihbischof von Córdoba, ARGENTINIEN
38. P. François Marty, Bischof von Reims, FRANKREICH
39. P. Antoon Demets, Bischof von Roseau, Dominica, ANTILLEN
40. P. Eduardo Tomás Boza Masvidal, Weihbischof von la Habana, KUBA
41. P. Marcel Olivier Maradan, Bischof von Port Victoria, SEYCHELLEN, AFRIKA
42. P. Paul Yu Pin, Bischof von Nanking, CHINA, ausgewiesen, daher wohnhaft in TAIWAN
43. P. Paul M. Kinam Roh, Erzbischof von Seoul, SÜDKOREA
44. P. Tarcisius van Valenberg, emerit. Apost. Vikar von Pontianak, INDONESIEN
45. P. Raymond D'Mello, Bischof von Allahabad, INDIEN
46. P. Antonios Gregorios Voutsinos, emerit. Erzbischof von Korfu, Zakynthos und Kefalonia, GRIECHENLAND

47. P. Joseph Albert Rosario, Bischof von Amravati, INDIEN
48. P. Sergio Méndez Arceo, Bischof von Guernavaca, MEXIKO
49. P. Samuel Ruiz Figueroa, Bischof von Chiapas, MEXIKO
50. P. Joseph Guffens, Bischof-Koadjutor von Kwango, KONGO,
51. P. Amand Louis Hubert, Bischof-Apostol. Vikar von Heliopolis, ÄGYPTEN
52. P. Philipp Côté, Bischof von Xuzho, CHINA
53. P. Georges-Hilaire Dupont, Bischof von Pala, TSCHAD
54. P. Henri Alfred B. Hoffmann, Bischof von DSCHIBOUTI
55. P. Marcel Daubechies, Bischof von Kasama, SAMBIA
56. P. Michel-Jules Joseph Marie Bernard, Erzbischof von Brazzaville, KONGO
57. P. Josip Pavlišić, Erzbischof von Rijeka-Senj, KROATIEN

(kombinierte Liste aus Vorlagen von Bischof Charles M. Himmer, Tournai, Belgien, und P. Jesús García Gonzalez, Mexiko)

III. „Kirche der Armen“ im Konflikt – Wirkungen des Katakombenpaktes

Die „Kirche der Armen“ stellt sich den Herausforderungen des bedrohten Lebens („Zeichen der Zeit“) und wird deshalb in Konflikte verwickelt. Davon soll in diesem Kapitel die Rede sein. Zwar unterzeichnen den Katakombenpakt auch Bischöfe aus Asien und Afrika. Aber in keiner anderen Region übersteigt die Wirkung des Paktes so sehr das persönliche Engagement der einzelnen Unterzeichner wie in Lateinamerika. Keine andere Kontinentalkirche verfügt über ein solches Instrumentarium wie den CELAM. Keine andere Kontinentalkirche organisiert den Prozess konziliarer Erneuerung so entschieden wie die vom CELAM zusammengeführte lateinamerikanische Kirche. Keine andere Kontinentalkirche wird deshalb auch in solch heftige weltpolitische und gesamtkirchliche Konflikte verstrickt wie die lateinamerikanische. Die Konflikte zeigen die Geburtsschmerzen einer neuen Phase in der Geschichte der Kirche an: Sie wird erst, was sie im Konzil behauptet zu sein: „Weltkirche“. Karl Rahner bezeichnet das Zweite Vatikanische Konzil als „ersten amtlichen Selbstvollzug der Kirche als Weltkirche“. Aber der Übergang von der Westkirche zur Weltkirche ist noch nicht vollzogen. Dieser Prozess durchläuft stets neue Konfliktphasen, auch weil die Kirche die Welt, für die sie da sein will, stets neu begreifen lernt. Das lässt sich exemplarisch an der lateinamerikanischen Kirche ablesen. Das zeigt sich erneut im derzeitigen Pontifikat von Papst Franziskus. Die folgende Darstellung kann daher den lebendigen historischen Prozess nur fragmentarisch erfassen. Aber die Fragmente, an denen sie sich hauptsächlich orientiert, sind die Generalversammlungen der Bischöfe aus Lateinamerika und der Karibik. Diese stellen zumindest markante Orientierungspunkte des zugrunde liegenden Prozesses dar, selbst wenn sie ihn nicht in seinem ganzen Reichtum spiegeln.

Auf dem Weg von Rom nach Medellín

Angeregt durch die Aktivitäten der Gruppe „Kirche der Armen" und ihre Bemühungen um die Ausrichtung des Konzils, erachten der CELAM-Präsident Manuel Larraín, Bischof von Talca, Chile, und Vizepräsident Hélder Câmara, Erzbischof von Recife, Brasilien, es für notwendig, dem Papst die Lücken aufzuzeigen, die in der Konzilsagenda offen geblieben sind. In der Endphase des Konzils, am Beginn der vierten Sitzungsperiode, schreibt Manuel Larraín dem damaligen Vorsitzenden der Päpstlichen Kommission für Lateinamerika (CAL), Kardinal Confalonieri, einen Brief. Darin übermittelt er dem Kardinal den von den Delegierten des CELAM gefassten Beschluss: Der Vorstand des CELAM solle in Abstimmung mit der CAL den eucharistischen Kongress von Bogotá, der für 1968 vorgesehen ist, als eine Gelegenheit nutzen, den lateinamerikanischen Episkopat zusammenzurufen. Die Zusammenkunft solle dazu dienen, praktisch, konkret und wirksam an all den Fragen zu arbeiten, die man heute für besonders dringlich hält, um konstruktiv dem Leben der Völker auf dem Kontinent dienen zu können. Dazu gehört die Absicht, die Beschlüsse der Ersten Versammlung von Rio de Janeiro (1955) zu überprüfen, insbesondere jedoch die Aufgabe, die Konstitutionen, Dekrete und

Erklärungen des Zweiten Vatikanischen Konzils mit der Realität sowie mit den Hoffnungen und Leiden der Menschen im Kontinent zu konfrontieren.

Auf diesen Vorstoß reagiert Papst Paul VI. am 23. November 1965 in der Versammlung mit etwa sechshundert lateinamerikanischen Konzilsbischöfen, die dem 10. Jahrestag der Gründung des CELAM (1955 in Rio de Janeiro) gewidmet ist. In seiner Ansprache vor den Bischöfen deutet Paul VI. zum ersten Mal an, dass es nach Rio eine zweite Bischofsversammlung geben könnte, um zur Anwendung des Konzils in Lateinamerika gemeinsam einen Pastoralplan zu entwickeln:

> Das schmerzerfüllte Flehen so vieler Menschen, die unter für Menschen unwürdigen Bedingungen leben, muss uns betroffen machen und zum Handeln treiben. [...] Die Stellungnahme der Kirche gegenüber dem gesellschaftlichen Problem, das in Lateinamerika so deutlich zutage tritt, muss klar und eindeutig sein. [...] Es reicht nicht, an die Soziallehre der Kirche zu erinnern und sie abstrakt zu lehren; sie muss vielmehr unter den realen Verhältnissen angewandt und in konkrete Handlungsnormen übersetzt werden, und zwar so, dass die Verantwortlichkeitsbereiche der Hierarchie und der Laien angemessen voneinander unterschieden sind.[70]

Dom Hélder Câmara kommentiert in seinen darauffolgenden Nachtwachen in Briefen an seine „Familie“ mehrfach die Rede des Papstes:

> Die Rede des Heiligen Vaters gestern vor den lateinamerikanischen Bischöfen war – ganz in seinem eigenen Stil – die beste Antwort, die er hätte geben können auf die drei Texte, die ich ihm hatte zukommen lassen. Eine bedeutsame und schöne Ansprache, die die CNBB und ihren Gesamt-Pastoral-Plan in ein sehr gutes Licht rückten. Was mich angeht, kann ich nicht nur ruhig und glücklich weitermachen, son-

> dern auch sicher sein, dass der Papst hinter mir steht. [...] Es sind immer mehr Leute in unserem Land, die denken, wenn man nicht das Spiel der Nordamerikaner mitspielt, ist man *gegen* die USA und also *für* den Kommunismus; es sind jene Leute, die überzeugt sind, dass der Ausdruck „Dritte Welt“ schon ein kommunistischer Begriff ist und dass die Idee eine lächerliche Utopie ist, die nur dem Kommunismus dient. Was sagen sie dann vom Diskurs des Heiligen Vaters? Sie sind fähig zu denken, dass ich dem Papst den Kopf verdrehe und seine Rede von mir geschrieben wurde. [...] Erst heute erhielt ich den gedruckten Diskurs des Heiligen Vaters für Lateinamerika. Beim ersten Überfliegen sah ich, dass die besten Kommentare nur mündlich gewesen waren: Zum Beispiel finde ich im Text nicht die indiskutable, eindeutige Anspielung auf die „Dritte Welt“.[71]

Mit dieser Rede des Papstes ist prinzipiell der Weg für die Zweite Generalversammlung des lateinamerikanischen Episkopats frei gemacht. Dafür hatten Larraín und Câmara entsprechende Vorarbeit geleistet, und zwar nicht erst in den letzten Wochen des Konzils. Ihre langjährige Zusammenarbeit mit dem ehemaligen Substituten in der vatikanischen Kurie, Giovanni Battista Montini, vor allem bezüglich der Gründung des CELAM, hatte dafür die Grundlage geschaffen.

Aber die Spannungen zwischen dem CELAM und dem Vatikan über Kompetenzfragen, insbesondere mit dessen Lateinamerika-Kommission (CAL), die praktischen Schwierigkeiten, die instabile politisch-gesellschaftliche Lage des Kontinents – solche Faktoren hemmen die Verwirklichung des Projekts. Zugleich nutzt die von Don Manuel Larraín geführte Leitung des CELAM die Zeit, um den Prozess strukturell gründlich vorzubereiten. Die vom Konzil proklamierte Kollegialität soll praktisch erfahrbar werden. Die besondere synodale Erfahrung im Vorbereitungsprozess für Medellín wird hauptsächlich getragen von der Gruppe von Bischöfen, die Manuel Larraín als Präsident des CELAM vom November 1963 bis zu seinem plötzlichen Tod durch einen Verkehrsunfall im Juni 1966 zu einem Team geformt hatte. Neben Câmara (Brasilien) und Larraín (Chile) – den Geburtshelfern einer gewissen „konziliaren Neugründung" des CELAM – gehören die Bischöfe Leonidas Proaño (Ecuador), José Dammert Bellido (Perú), Ramón Bogarin (Paraguay), Cândido Padin (Brasilien) und Marcos McGrath (Panama) dazu. Einerseits waren sie alle aus der Tradition der Arbeiterjugend hervorgegangen und hatten hier die Methode Cardijns im Dreischritt „Sehen – Urteilen – Handeln" erlernt. Diese Methode war nicht nur hilfreich zur Wirklichkeitserkenntnis, sondern auch förderlich für die Bildung von kleinen Gemeinschaften. Andererseits hatten sie generell durch die Konzilserfahrung, im Besonderen aber durch die Debatten in und mit der Gruppe „Kirche der Armen" ein neues Welt- und Kirchenverständnis entwickelt, mit dessen Schwung sie die Vorbereitung von Medellín betrieben. Diese Gruppe wird im Laufe der ersten Nachkonzilszeit ausgebaut und erweitert durch eine systematische Zusammenarbeit von Ordensleuten, Priestern, Theologen und Laien, die für die kreative Verbreitung der konziliaren Erneuerung sorgen.

Die vorbereitende Versammlung von Mar del Plata im Oktober 1966 über „die Rolle der Kirche in der Entwicklung und Integration Lateinamerikas im Licht des Zweiten Vatikanischen Konzils" ist für Medellín von entscheidender Bedeutung. Hier entwickelt sich ein politisches und ökonomisches Bewusstsein, das einen erheblichen Schritt über die im Katakombenpakt festgehaltene Mystik und Politik hinaus bedeutet.

In Mar del Plata hält Dom Hélder Câmara eine Ansprache, in der er den „internen und externen Kolonialismus" analysiert und die Widerstände gegen eine solche Analyse aufzeigt.

> Wenn unser Jahrhundert durch das Ende des Kolonialismus charakterisiert ist (zumindest des offiziell, mit Macht politisch durchgesetzten Kolonialismus), wie kann man dann noch Leute akzeptieren, die ihre Mitbürger behandeln, wie einstmals die Europäer die Afrikaner behandelt haben? [...] Man behauptet etwas leichtfertig, dass Lateinamerika der „katholische Kontinent" sei und das Reservoir des Christentums für die ganze Welt. [...] Aber wehe dem Christentum, wenn die große Masse des Volkes den Eindruck gewinnt, sie sei verlassen worden, weil die Kirche mit dem Reichen und Mächtigen gemeinsame Sache gemacht habe. [...] Als Menschen und Christen haben wir die Pflicht, den Söhnen und Töchtern Gottes behilflich zu sein, wenn sie die untermenschliche Lage verlassen wollen, in der sie sich befinden. Das Elend nimmt dem Menschen die Würde und beleidigt den Schöpfergott und Vater. [...] Es ist beeindruckend zu sehen, zu welchen Extremen die Verteidigung von Privilegien verführt: Wer anderen hilft, sich ihrer Lage bewusst zu werden, wird verdächtigt, Subversion zu betreiben, und weil er angeblich eine Klasse gegen die andere aufhetzt, dem Kommunismus die Wege zu bereiten. Was dagegen dem Marxismus in die Hände spielt, ist vielmehr, an einer Religion, die „Opium des Volkes" ist, festzuhalten und an einer Kirche, die entfremdet ist und die Menschen entfremdet. Bewusst werden heißt: Das Menschengeschöpf auf die Füße zu stellen, den Sinn für Initiative zu wecken, für gegenseitige Ermutigung und gemeinschaftliche Arbeit. [...] Aber im Namen des Prinzips des Privateigentums werden absurde Privilegien aufrecht erhalten.[72]

Dom Hélder bezieht sich in dieser Ansprache auch auf seinen kurz zuvor ums Leben gekommenen Freund Manuel Larraín, der in seinem Hirtenbrief „Entwicklung – Erfolg oder Misserfolg in Lateinamerika" geschrieben hatte:

> In jedem Jahr sterben durch Elend, Hunger und Krankheit so viele Menschen wie in den Jahren des Zweiten Weltkriegs [...] In der Weltgeschichte gibt es keinen grausameren Krieg. Dieser Blutzoll, den die unterentwickelte Welt zahlt, ist ein Skandal, der zum Vater im Himmel schreit!

Die Enzyklika „Über die Entwicklung der Völker" (*Populorum progressio*)[73]

Während des Vorbereitungsprozesses für Medellín veröffentlicht Papst Paul VI. am Ostersonntag 1967 seine Enzyklika *Populorum progressio*. Damit erfüllt er u. a. den Wunsch, den Dom Hélder Câmara ihm im Laufe des Konzils verschiedentlich vorgetragen hatte.

Es ist „die lang erwartete Enzyklika über die Entwicklung [...] Dank, Heiliger Vater, im Namen der Dritten Welt!", schreibt Camara in einem Rundbrief vom April 1967. Lang erwartet und seit 1963 vorbereitet mit dem maßgeblichen Beitrag des Dominikaners und Wirtschaftswissenschaftlers P. Louis Joseph Lebret, einem häufigen Gesprächspartner Dom Hélders zur Zeit des Konzils. Die Enzyklika bearbeitet jene Themen, die im Konzil nicht behandelt worden waren. Sie analysiert die herrschende gesellschaftliche und wirtschaftliche Ordnung im Blick auf die „Dritte Welt". Was die Gruppe der „Kirche der Armen" in *Gaudium et spes* vermisst hatte, wird von der Enzyklika thematisiert.

An der Wall Street bezeichnet man die Enzyklika dagegen als „aufgewärmten Marxismus". Die *New York Times* nennt sie ein „fast marxistisches Dokument". Eine Schweizer Wochenzeitung titelt: „Marxismus aus Rom".[74] Damit bestätigt die Reaktion aus den reichen Ländern das Urteil, das Hélder Câmara zuvor über die absurde Rechtfertigung von Privilegien gefällt hatte. Den Ärger bestimmter politischer Kommentatoren erregt vor allem der Abschnitt Nr. 26 der Enzyklika:

> Im Gefolge dieses Wandels der Daseinsbedingungen haben sich unversehens Vorstellungen in die menschliche Gesellschaft eingeschlichen, wonach der Profit der eigentliche Motor des wirtschaftlichen Fortschritts, der Wettbewerb das oberste Gesetz der Wirtschaft, das Eigentum an den Produktionsmitteln ein absolutes Recht, ohne Schranken, ohne entsprechende Verpflichtungen der Gesellschaft gegenüber darstellt. Dieser ungehemmte Liberalismus führte zu jener Diktatur, die Pius XI. mit Recht als die Ursache des finanzkapitalistischen Internationalismus oder des Imperialismus des internationalen Finanzkapitals brandmarkte. Man kann diesen Missbrauch nicht scharf genug verurteilen. Noch einmal sei feierlich daran erinnert, dass die Wirtschaft ausschließlich dem Menschen zu dienen hat.

Die Kritik von Papst Franziskus am „Fetischismus des Geldes" (EG, 55) hat auch hier ihre Wurzeln. Zugleich findet man in der Enzyklika *Populorum progressio* auch jenen Abschnitt (Nr. 21), der die Spiritualität des Katakombenpaktes aufgreift und sowohl das ganzheitliche Elend wie auch die ganzheitliche Befreiung des Menschen zum Thema der „dienenden und armen Kirche" macht:

> Weniger menschlich: Das sind die materiellen Nöte derer, denen das Existenzminimum fehlt; das ist die sittliche Not derer, die vom Egoismus zerfressen sind. Weniger menschlich: Das sind die Züge der Gewalt, die im Missbrauch des Besitzes oder der Macht ihren Grund haben, in der Ausbeutung der Arbeiter, in ungerechtem Geschäftsgebaren. Menschlicher: Das ist der Aufstieg aus dem Elend zum Besitz des

> Lebensnotwendigen, die Überwindung der sozialen Missstände, die Erweiterung des Wissens, der Erwerb von Bildung. Menschlicher: Das ist das deutlichere Wissen um die Würde des Menschen, das Ausrichten auf den Geist der Armut, die Zusammenarbeit zum Wohle aller, der Wille zum Frieden. Menschlicher: Das ist die Anerkennung letzter Werte vonseiten des Menschen und die Anerkennung Gottes, ihrer Quelle und ihres Zieles. Menschlicher: Das ist endlich vor allem der Glaube, Gottes Gabe, angenommen durch des Menschen guten Willen, und die Einheit in der Liebe Christi, der uns alle ruft, als Kinder am Leben des lebendigen Gottes teilzunehmen, des Vaters aller Menschen.

Nachdem Dom Hélder die Enzyklika gelesen hatte, zeigt er sich sehr bewegt. Und Reaktionen aus aller Welt vermuten gar, dass Dom Hélder die Feder des Papstes geführt habe, denn ihr Geist, ihr Thema und eine Reihe von Formulierungen scheinen dem Denken von Dom Hélder zu entstammen. Zwar leugnet Hélder stets, an der Enzyklika mitgeschrieben zu haben, anerkennt aber, dass vieles darin seinem eigenen Denken entspricht. Und er geht noch einen Schritt weiter, indem er seine Freunde aus der Gruppe der „Kirche der Armen“ anregt, zur Unterstützung und thematischen Weiterführung der Enzyklika ein eigenes Dokument von Bischöfen aus der Dritten Welt zu veröffentlichen.

Das Manifest von Bischöfen aus der Dritten Welt

Zum ersten Mal treten achtzehn Bischöfe aus verschiedenen Erdteilen gemeinsam vor die Weltöffentlichkeit. Unter dem Titel „Ein Wort der Ermutigung auf den Schrei der Armen“ veröffentlichen sie ihr „Manifest von Bischöfen aus der Dritten Welt" am 15. August 1967, fast ein halbes Jahr nach der Enzyklika.

Das Manifest will den „sorgenvollen Ruf" des Papstes in *Populorum progressio* konkretisieren, einerseits im Hinblick auf die ökonomisch-politischen Realitäten, andererseits im Hinblick auf die Verantwortung der Kirchen und Christen, und zwar aus der Sicht jener Amtsträger, die das Leben mit den Menschen der sog. „Dritten Welt" teilen.

Die Bischöfe sprechen deutlich aus, worüber das Konzil und auch die Enzyklika noch schweigen:

- Sie decken auf, dass die Entwicklungshilfe ausschließlich den Interessen dient, mit denen die beiden damaligen Machtblöcke im Ost-West-Konflikt ihre jeweiligen Einflusszonen auszudehnen suchen.
- Sie denunzieren die wirtschaftliche Ausbeutung der Länder durch ausländische Gruppen. „Unterentwicklung" bedeutet also nicht Rückständigkeit, sondern die Kehrseite der Bereicherung des globalen Nordens.
- Sie sehen den Zusammenhang zwischen „politischer Revolution" und „Revolution des Herzens".
- In diesem Sinne üben sie Selbstkritik und verschweigen die unheilige Allianz der Kirche mit bestimmten wirtschaftlichen und politischen Systemen nicht.
- Sie kritisieren, dass die katholische Soziallehre zwar das Recht auf Eigentum formuliert, es aber nur halbherzig verteidigt. Die Soziallehre schützt die Besitzenden, aber klagt nicht entschieden genug das Recht auf Eigentum zusammen mit jenen ein, die kein Eigentum besitzen.
- Die unterzeichnenden Bischöfe verlangen eindeutig ein Ende des Klassenkampfes, der daran erkennbar wird, dass Men-

schen als Arbeitskräfte durch unzureichende Löhne und unmenschliche Arbeitsbedingungen ausgebeutet werden.
- Politisch-wirtschaftliche Systeme werden danach beurteilt, ob sie dem Leben des Menschen dienen und das Gemeinwohl für alle sichern. Daran hat sich die Kirche zu orientieren.
- Sie betrachten die großen Religionen und Weisheitslehren als Kraftreserven für den Widerstand gegen das Unrecht und als Quelle der Barmherzigkeit, nicht als „Opium des Volkes".

Der mystisch-politische Text mit seinen klaren Optionen ist zweifellos als Weiterführung des Katakombenpaktes zu interpretieren. Immerhin sind elf der Unterzeichner zugleich Erstunterzeichner des Paktes. Das Manifest schlägt eine Brücke vom Engagement während des Konzils in Rom zum lateinamerikanischen Konzil von Medellín im Jahr 1968. An der Reihenfolge der Dokumente wird jeder Leser, jede Leserin die Schritte nachvollziehen können, die der Prozess zu einer prophetischen Kirche durchläuft. Darüber hinaus hilft diese „subversive Erinnerung", die Konflikt- und Konsenslinien mit den nachfolgenden Pontifikaten von Papst Johannes Paul II., Benedikt XVI. und Franziskus zu entdecken. Deshalb soll der Text des Manifestes relativ ausführlich an dieser Stelle dokumentiert werden. Den ungekürzten Wortlaut des Textes findet man auf der Internetseite des „Instituts für Theologie und Politik".

Ein Wort der Ermutigung auf den Schrei der Armen

Manifest von Bischöfen aus der Dritten Welt vom 15. August 1967[75]

[...]

2. Unsere Kirchen in der Dritten Welt sind einbezogen in den Konflikt, der nun nicht nur Ost und West, sondern die drei großen Völkergruppen miteinander konfrontiert: die Westmächte, die sich im letzten Jahrhundert bereichert haben, die zwei großen kommunistischen

Länder, die Großmächte geworden sind, und schließlich diese Dritte Welt, die noch auf der Suche danach ist, wie sie sich der Herrschaft der Großmächte entziehen und sich frei entfalten kann. [...] Wenn auch die meisten Länder ihre politische Freiheit bereits errungen haben, sind doch die wenigsten auch wirtschaftlich unabhängig. Erst wenige Länder haben soziale Gleichheit verwirklicht, die unabdingbare Voraussetzung für wahre Geschwisterlichkeit, weil ohne Gerechtigkeit Frieden nicht möglich ist. Die Völker der Dritten Welt bilden das Proletariat der heutigen Menschheit. Sie werden von den Großen ausgebeutet und sogar in ihrer Existenz bedroht durch solche, die – nur weil sie stärker sind – sich das Recht anmaßen, als Richter und Polizisten in den materiell ärmeren Ländern aufzutreten. Unsere Völker sind jedoch ebenso ehrenwert und rechtschaffen wie die Großen dieser Welt.

Revolutionen und Menschenrechte

3. In der gegenwärtigen Weltentwicklung sind Revolutionen in Gang gebracht bzw. verwirklicht worden. Das ist nicht überraschend. Alle heute etablierten Mächte sind vor längerer oder kürzerer Zeit aus einer Revolution hervorgegangen, das heißt, aus dem Bruch mit einem System, das das Gemeinwohl nicht mehr gesichert hat, und durch die Errichtung einer neuen Ordnung, die eher geeignet war, für das Gemeinwohl zu sorgen. Nicht alle Revolutionen sind unbedingt gut. Einige sind lediglich Palastrevolten und verändern nur die Art und Weise, mit der man das Volk unterdrückt. Einige schaden mehr, als sie nützen, und „zeug(en) neues Unrecht ..." (*Populorum progressio*, 31). Atheismus und Kollektivismus, denen sich bestimmte Bewegungen glauben anschließen zu müssen, stellen ernste Gefahren für die Menschheit dar. Aber die Geschichte beweist auch, dass bestimmte Revolutionen notwendig waren und gute Früchte brachten, nachdem sie ihre zeitweilig antireligiöse Haltung abgelegt hatten. [...]
4. Aus ihrer eigenen Lehre weiß die Kirche, dass das Evangelium die Umkehr als erste und radikale Revolution verlangt, die Verwandlung der Sünde in Gnade, der Selbstsucht in Liebe, des Dünkels in demüti-

gen Dienst. Solche Umkehr ist nicht nur ein innerer und spiritueller Vorgang, sondern bezieht den ganzen Menschen ein, körperlich und gesellschaftlich ebenso wie spirituell und persönlich. Sie hat einen Gemeinschaftsaspekt, der für die gesamte Gesellschaft bedeutungsvoll ist, nicht nur für das irdische Leben, sondern vor allem für das ewige Leben in Christus, der als der Erhöhte die ganze Menschheit an sich zieht. Dies ist in den Augen des Christentums die ganzheitliche Entwicklung des Menschen. So hat das Evangelium seit zwanzig Jahrhunderten immer als das mächtigste Ferment für tiefgreifende Veränderungen in der Menschheit sichtbar oder unsichtbar gewirkt, mit Hilfe der Kirche oder ohne sie.

Die Kirche ist an kein System gebunden, sondern allein an Christus

5. In ihrer irdischen Pilgerschaft durch die Geschichte war die Kirche fast immer an jenes politische, soziale und wirtschaftliche System gebunden, das zu einem bestimmten Zeitpunkt der Geschichte das Gemeinwohl oder zumindest eine gewisse soziale Ordnung garantierte. Andererseits haben sich die Kirchen manchmal derart mit dem jeweiligen System verbunden, dass man sie miteinander verwechseln konnte, als seien sie ein Fleisch wie in der Ehe. Aber die Kirche hat nur einen einzigen Bräutigam, Christus. Die Kirche ist mit keinem System verheiratet, gleichgültig welcher Art es sei, am wenigsten mit dem „internationalen Imperialismus des Geldes“ (*Populorum progressio*, 26), ebenso wenig wie mit der Monarchie bzw. dem Feudalismus des Ancien Régime, oder morgen mit diesem bzw. jenem Sozialismus.
6. Seit dem Konzil werden die Stimmen immer lauter, die verlangen, dass man diese, von verschiedenen Seiten bereits angeprangerte, zeitweilige Liaison der Kirche mit dem Geld beenden müsse. Einige Bischöfe haben dafür bereits ein Beispiel gegeben. Wir selbst haben die Pflicht, unsere Position in dieser Frage ernsthaft zu prüfen. Wir müssen unsere Kirchen von aller Unterwerfung unter das große internationale Finanzkapital befreien. „Man kann nicht Gott dienen und dem Geld.“ [...]

Imperialismus des Geldes und gesellschaftliche Privilegien

7. Angesichts der aktuellen Entwicklung des Imperialismus des Geldes müssen wir an uns selbst und an unsere Gläubigen die Mahnung richten, die der Seher von Patmos an die Christen von Rom richtete. Mit dem bevorstehenden Fall dieser Großstadt konfrontiert, die zur Prostituierten des Luxus geworden war, weil sie ganze Völker unterdrückt und Sklavenhandel betrieben hatte, rief er die christliche Gemeinde auf: „Verlass die Stadt, mein Volk, damit du nicht schuldig wirst an ihren Sünden und von ihren Plagen mitgetroffen wirst.“ (Offenbarung 18,4)
8. Die Kirche ist wesentlich und dauerhaft durch ihre Treue zu und ihre Gemeinschaft mit Christus im Evangelium bestimmt. Deshalb darf sie sich mit keinem einzigen wirtschaftlichen, politischen und gesellschaftlichen System identifizieren. Sobald ein System das Gemeinwohl nicht mehr gewährleistet, sondern dieses den Interessen einiger weniger opfert, hat die Kirche die Pflicht, nicht nur das Unrecht anzuprangern, sondern sich auch vom ungerechten System zu trennen, dazu bereit, mit einem anderen System zusammenarbeiten, das gerechter ist und den Erfordernissen der Zeit besser entspricht.
[...]

Gesellschaftliche Bestimmung des Eigentums

12. Die Christen und die Hirten müssen fähig sein, in jenen Ereignissen, durch die in regelmäßigen Abständen die Mächtigen von ihren Thronen gestürzt und die Niedrigen erhöht werden, die Reichen leer ausgehen und die Hungrigen gesättigt werden, die Hand des Allmächtigen zu erkennen.
[...]

Kapitalismus und Sozialismus

14. Unter Berücksichtigung bestimmter Anforderungen für bestimmte materielle Fortschritte hat die Kirche seit einem Jahrhundert den

Kapitalismus toleriert – auch mit seinen Darlehen zu gesetzlichen Zinsen sowie anderen Gepflogenheiten, die kaum mit der Moral der Propheten und des Evangeliums übereinstimmen. Aber es wird eine Freude für die Kirche sein zu sehen, wie in der Menschheit ein anderes Gesellschaftssystem in Erscheinung tritt, das der Moral der Propheten und des Evangeliums näher steht. [...] Christen haben die Pflicht zu beweisen, dass das vollständig gelebte Christentum der echte „Sozialismus“ ist, mit gerechter Verteilung der Güter und der grundsätzlichen Gleichheit aller.

So verhindern wir, dass manche Gott und den Glauben gleichsetzen können mit den Unterdrückern der Armen und Arbeiter, die sich im Feudalismus, Kapitalismus und Imperialismus tatsächlich durchsetzen. Diese unmenschlichen Systeme haben wiederum andere Systeme hervorgebracht, die zwar die Völker befreien wollen, aber sobald sie dem totalitären Kollektivismus verfallen und den Glauben verfolgen, die einzelnen Menschen unterdrücken. Gott und die wahre Religion haben jedoch nichts mit den verschiedenen Formen des „Mammon der Ungerechtigkeit“ zu tun. Im Gegenteil, Gott und die wahre Religion stehen immer auf der Seite derer, die sich für eine gerechtere und geschwisterlichere Gesellschaft für alle Söhne und Töchter Gottes in der großen Menschheitsfamilie einsetzen.

[...]

Vom Wort Gottes inspiriert zu Mut und gemeinsamem Tun

17. Niemand soll unseren Worten irgendwelche politischen Interessen unterstellen. Unsere einzige Quelle ist das Wort dessen, der zu den Propheten und Aposteln gesprochen hat. Die Bibel und das Evangelium prangern jeden Anschlag auf die Würde des nach Gottes Bild geschaffenen Menschen als Sünde gegen Gott an. In dieser Forderung, die menschliche Person zu respektieren, sind heutzutage die Atheisten guten Willens mit den Gläubigen einig, weil sie gemeinsam der Menschheit in ihrem Streben nach Gerechtigkeit und Frieden dienen wollen. [...]

18. Das Volk der Armen und die Armen des Volkes, in deren Mitte uns der Barmherzige zu Hirten der christlichen Gemeinden berufen hat, wissen aus Erfahrung, dass sie eher auf sich selbst gestellt sind und mit ihren eigenen Kräften rechnen müssen als mit der Hilfe der Reichen. Sicherlich lassen einige reiche Länder oder einige Reiche aus bestimmten Ländern unseren Völkern nennenswerte Hilfe zukommen, aber es wäre eine Illusion, passiv eine freiwillige Umkehr all derer zu erwarten, vor denen unser Vater Abraham warnt: „Sie werden auch nicht hören, wenn einer von den Toten aufersteht." (Lukas 15,31) Die armen Völker und die Armen in den Völkern sind zunächst selbst für ihre eigene Entwicklung verantwortlich. [...]

Reiche und Arme

19. [...] Religion ist nicht das Opium des Volkes. Religion ist eine Kraft, die die Niedrigen erhebt und die Stolzen erniedrigt, die den Hungernden Brot gibt und die Übersättigten hungern lässt. Sicherlich warnte Jesus uns, dass wir immer Arme unter uns hätten (Johannes 12,8), aber das hat seinen Grund darin, dass es immer Reiche geben wird, die die Güter dieser Welt an sich reißen, und ebenso sicher wird es immer gewisse Ungleichheiten geben, die auf unterschiedliche Fähigkeiten und andere unvermeidliche Faktoren zurückzuführen sind. Aber Jesus lehrt uns, dass das zweite Gebot dem ersten gleich ist, denn man kann Gott nicht lieben, ohne seine Mitmenschen als Geschwister zu lieben. Er verweist uns darauf, dass wir Menschen alle nach dem gleichen Maßstab beurteilt werden: „Ich war hungrig, und ihr habt mir zu essen gegeben ... ich war derjenige, der hungrig war." (Matthäus 25,31–46) Alle großen Religionen und Weisheitstraditionen der Menschheit kennen ein solches Wort. So verkündet der Koran eine letzte Prüfung, der die Menschen zur Zeit des Gerichtes Gottes unterworfen werden: „Und was lässt dich wissen, was der steile Weg ist? Die Freilassung eines Gefangenen! Oder während der Hungersnot zu speisen – Eine verwandte Waise – Oder einen Armen, der im Staub liegt! Dann wird er zu denen gehören, die glauben und zu Geduld und Barmherzigkeit mahnen." (Sure, 90,11–18)[76]

Politische Autoritäten und Enteignung

20. Wir haben die Pflicht, unser Brot und all unsere Güter zu teilen. Wenn einige für sich selber horten, was andere zum Leben brauchen, dann ist es die Pflicht der Regierung, die Umverteilung, die nicht aus eigenem Antrieb geschieht, zu erzwingen. Papst Paul VI. erinnert daran in seiner jüngsten Enzyklika: „Das Gemeinwohl verlangt deshalb manchmal eine Enteignung von Grundbesitz." (*Populorum progressio*, 24) Auch können wir nicht zulassen, dass wohlhabende Ausländer unter dem Vorwand, Handel zu treiben oder Industrien aufzubauen, in unsere Länder kommen und unsere armen Leute ausbeuten. Ebenso wenig darf man tolerieren, dass einige Reiche ihr eigenes Volk ausbeuten.

Eine Weltautorität zur Förderung von Gerechtigkeit und gleichmäßiger Verteilung der Güter ist erforderlich

21. Was dem Einzelnen recht, ist den Nationen billig. Leider kann heute noch keine wirklich globale Regierung Gerechtigkeit zwischen den Völkern durchsetzen und die Güter gerecht verteilen. Das derzeitig geltende Wirtschaftssystem ermöglicht es den reichen Nationen, immer reicher zu werden, selbst dann noch, wenn sie den armen Ländern ein wenig helfen. Diese werden proportional immer noch ärmer. Diese armen Nationen haben deshalb die Pflicht, mit allen zur Verfügung stehenden legitimen Mitteln zu fordern, dass eine Weltregierung installiert wird. In ihr sollen alle Völker ohne jede Ausnahme repräsentiert sein: Diese Regierung soll in der Lage sein, zu fordern, wenn notwendig auch zu erzwingen, dass die Güter gerecht verteilt werden. Das ist eine unverzichtbare Voraussetzung für den Frieden (vgl. *Pacem in terris*, 137, und *Populorum progressio*, 78).

22. Zugleich haben in jeder Nation die Arbeitnehmer das Recht und die Pflicht, sich in echten Gewerkschaften zusammenzuschließen, um ihre Rechte geltend zu machen und zu verteidigen: gerechten Lohn, bezahlten Urlaub, Krankenversicherung, Familienwohnungen, Mitbestimmung in der Führung der Unternehmen etc. … Es reicht nicht

aus, diese Rechte durch Gesetze auf dem Papier anzuerkennen. Diese Gesetze müssen angewendet werden. Die Regierungen haben die Pflicht, ihre Macht energisch zugunsten der Arbeitenden und der Armen einzusetzen. Die Regierungen müssen sich dafür verwenden, dass der Klassenkampf ein Ende findet, den, entgegen der verbreiteten Meinung, sehr oft die Reichen auslösen und stets weiter treiben, indem sie die Arbeiter durch unzureichende Löhne und unmenschliche Arbeitsbedingungen ausbeuten. Das ist ein subversiver Krieg, den das Kapital seit Langem heimtückisch in aller Welt führt. Dabei werden ganze Völker massakriert. Es ist höchste Zeit, dass die armen Völker, unterstützt und geführt von ihren gesetzmäßigen Regierungen, ihr Recht auf Leben wirksam verteidigen. [...]

Hoffnung auf eine andere Welt

23. Einige von uns haben im vergangenen Jahr (im Manifest der Bischöfe aus dem Nordosten Brasiliens, Recife, 1. Juli 1966) an ihr Volk diesen Appell gerichtet: „Wir ermahnen euch in der Arbeitswelt als Ferment des Evangeliums unerschrocken und standhaft zu bleiben im Vertrauen auf das Wort Christi: „Richtet euch auf und erhebt eure Häupter, denn eure Erlösung ist nahe. (Lukas 21,28)". Mit der gleichen Hoffnung richten wir an alle Völker der Dritten Welt diesen Appell des Evangeliums: „Richtet euch auf und erhebt eure Häupter, denn eure Erlösung ist nahe."

Die Unterzeichner

Hélder Câmara, Erzbischof von Recife, Brasilien
Jean-Baptiste Da Mota E Albuquerque, Erzbischof von Vitória, Brasilien
Luis Gonzaga Fernandes, Weihbischof von Vitória, Brasilien
Georges Mercier, Bischof von Laghouat, Sahara, Algerien
Michel Darmancier, Bischof von Wallis und Futuna, Ozeanien
Armand Hubert, Apostolischer Vikar, Heliopolis, Ägypten
Raul Angel Cuniberti, Apostolischer Vikar von Florencia, Kolumbien

Severino Mariano de Aguiar, Bischof von Pesqueira, Brasilien
Frank Franic, Bischof von Split, Jugoslawien
Francisco de Austregésilo de Mesquita, Bischof von Afogados von Ingazeira, Brasilien
Gregoire Haddad, melchitischer Weihbischof von Beirut, Libanon
Manuel Pereira da Costa, Bischof von Campina Grande, Brasilien
Charles van Melckebeke Bischof von Ninghsia (China), Apostolischer Visitator in Singapur
Antônio Fragoso, Bischof von Crateús, Brasilien
Etienne Loosdregt, Bischof von Veintiane, Laos
Waldyr Kalheiros de Novais, Bischof von Volta Redonda, Brasilien
Jacques Grent, Bischof von Tual, Maluku, Indonesien
David Picao, Bischof von Santos, Brasilien

Die von den Bischöfen ausgelöste „Priesterbewegung für die Dritte Welt"

Das Manifest der Bischöfe löst neue Prozesse aus. In mehreren Ländern schließen sich Gruppen von Priestern dem Manifest an, die ihrerseits eine arme Kirche für die Armen verwirklichen und für gesellschaftliche Veränderung eintreten wollen.

In Argentinien gründen mehr als dreihundert Priester die Bewegung „Priester für die Dritte Welt" (Sacerdotes para el Tercer Mundo), in Chile, in Peru, in Brasilien, in Ecuador, in Kolumbien und in Brasilien entstehen ähnliche Gruppen.[77] Zum ersten Mal nimmt ein beachtlicher Teil des Klerus aktive Beziehungen zu den sozialrevolutionären Bewegungen auf. Sie lassen sich zum Teil gar in Führungsfunktionen berufen. Die aus der Tradition während der Kolonialzeit stammende religiöse Mentalität des lateinamerikanischen Volkes erwacht in der Widerstandsbewegung wieder zum Leben.[78]

Am Vorabend der Bischofsversammlung von Medellín, am 9. September 1968, schreiben neunhundert Priester aus Lateinamerika einen Brief an die Mitglieder der bevorstehenden Versammlung.[79] Darin verurteilen sie die alltägliche Gewalt, deren Zeugen sie in den Gemeinden sind, wenn sie Kinder an Unterernährung und Hunger erkranken und sterben sehen oder erleben, dass 50 % der Bevölkerung Analphabeten sind und Sklaverei praktiziert wird. Gleichzeitig werden in den Ländern enorme Summen ins Militär investiert, um die Interessen einer privilegierten Minderheit zu verteidigen, statt Industrien aufzubauen, Schulen zu gründen und Straßen zu bauen. Deshalb fordern die Priester die Bischofsversammlung auf:

1. sich nicht dazu hinreißen zu lassen, die ungerechte Gewalt der Unterdrücker mit der gerechten Widerstandsgewalt der Unterdrückten zu vermischen oder gar gleichzusetzen;
2. unzweideutig den Zustand der Gewalt anzuprangern, durch den die Mächtigen Jahrhunderte lang die Völker des Kontinents ausgenützt haben;
3. die Christen zu ermutigen, zusammen mit allen Menschen guten Willens daran zu arbeiten, dass Lateinamerika wirklich frei, gerecht und geschwisterlich leben kann;
4. und schließlich die Menschen selbst über die Mittel entscheiden zu lassen, mit denen sie die befreite Gesellschaft aufbauen wollen.

Die Versammlung der Bischöfe von 1968, an die sich die Priester richten, gilt als die erste offizielle Zusammenkunft von Bischöfen nach dem Konzil. Im Unterschied zum Konzil jedoch kann in ihr ein kleiner Teil von nichtbischöflichen Mitchristen

Rede- und Stimmrecht ausüben. Damit wird diese Versammlung zu einem „Übungsraum“: Ein erweitertes Verständnis von Kollegialität, das über die hierarchisch bestimmten Grenzen hinausgeht, wird eingeübt. Anders gesagt: Die Synodalität wird praktiziert, die das Konzil als Charakteristikum für die gesamte Kirche bestimmt hatte, und zwar vor allem durch das Kapitel vom „Volk Gottes“ in der Kirchenkonstitution *Lumen Gentium*. Das aus dem Konzil hervorgegangene CELAM-Team des Präsidenten Larraín hat diesen Raum eröffnet und ihn anderen zugänglich gemacht. Es hat dadurch zugleich den CELAM befähigt, genauer auf die Menschen und die Welt zu hören, in der und für die Kirche da zu sein hat. Die konziliare CELAM-Gruppe kann offenbar diese Stoßkraft entwickeln, weil sie sich selbst als eine Instanz versteht, die entschieden der Erneuerung des lateinamerikanischen Katholizismus auf dem vom Konzil gewiesenen Weg dienen will. Mit dem so bereitgestellten strukturellen Gefüge bietet der CELAM einen Raum, in dem man miteinander austauscht, was herangereift war, und zwar um „die Zeichen der Zeit in Lateinamerika zu erforschen und sie im Licht des Evangeliums zu interpretieren“. Nur dadurch findet Medellín zu seiner prophetischen Funktion, welche die im Konzil vorhandenen Ansätze aufgreift, kreativ weiterentwickelt und ihnen damit neue Geltung und Bedeutung verleiht.

Medellín – ein kontinentales Pfingsten

Keine andere Kontinentalkirche kann in der Weltkirche ein solches Ereignis aufweisen, wie es Medellín für den lateinamerikanischen Kontinent werden sollte. Bereits im Titel der Veranstaltung wird die Absicht deutlich: „Die Kirche in der gegenwärtigen Umwandlung Lateinamerikas im Lichte des Konzils". In diesem Kapitel können wir jedoch nicht den gesamten Prozess nachzeichnen, der sich in Medellín ereignet bzw. alle 16 Dokumente kommentieren, die in Medellín beschlossen wurden. Hier ist es unser vorrangiges Interesse, nachzuweisen, wie es der Konzilsgruppe „Kirche der Armen" in Medellín nicht nur gelingt, die durch das Konzil an den Rand gedrängte Thematik der Armen und der Armut auf die Tagesordnung zu bringen, sondern sie auch auf eine neue Stufe zu heben und zum Programm einer Kontinentalkirche zu machen.

Ohne das Konzil ist Medellín nicht einmal denkbar; aber an der Armutsthematik wird zugleich erkennbar, dass Medellín auch keine simple Übertragung der Konzilsergebnisse auf die Realität der Kirche in Lateinamerika bedeutet. Es wird sich vielmehr zeigen, dass Medellín dem Anstoß des Konzils gerade dadurch treu bleibt, dass es das Konzil kreativ und selektiv aufgreift.

Anders als im Konzil gelingt es in Medellín, die Armen ins Zentrum des kirchlichen Denkens und Handelns zu rücken. Das lässt sich eindrücklich verfolgen am Dokument Nr. 14, das unter dem Thema steht: „Armut der Kirche"[80].

Der Text beginnt mit einem Blick auf „die lateinamerikanische Realität":

Der lateinamerikanische Episkopat darf angesichts der ungeheuren sozialen Ungerechtigkeiten in Lateinamerika nicht gleichgültig bleiben; Ungerechtigkeiten, die die Mehrheit unserer Völker in einer schmerzhaften Armut halten, die in sehr vielen Fällen an unmenschliches Elend grenzt.

Es erhebt sich ein stummer Schrei von Millionen von Menschen, die von ihren Hirten eine Befreiung erbitten, die ihnen von keiner Seite gewährt wird. „Ihr hört uns jetzt schweigend zu, aber wir hören den Schrei, der aus euren Leiden emporsteigt", sagte Papst Paul VI. den Landarbeitern in Kolumbien ... (Dok. 14,1 u. 2)

Das unterscheidend Neue – hier an dieser Stelle und im Ereignis von Medellín überhaupt – besteht darin, dass sich die Kirche engagiert mit der historischen Realität auseinandersetzt und aus dieser Erfahrung ihre Lehre mit anderen Augen anschaut (Dok. 14,4 u. 5):

4. Wir müssen unterscheiden

a) Die Armut als Mangel an den Gütern dieser Welt ist als solche ein Übel. Die Propheten klagen sie als gegen den Willen des Herrn gerichtet und in den meisten Fällen als Frucht der Ungerechtigkeit und der Sünde der Menschen an. [...]
b) Die geistige Armut ist das Thema der Armen Jahwes (Zefanja 2,3; Lukas 1,46–55) und die Haltung der Öffnung zu Gott, die Bereitschaft dessen, der alles vom Herrn erwartet (Matthäus 5,3). [...]
c) Die Armut als Engagement, das die Bedingungen der Armen dieser Welt freiwillig und aus Liebe annimmt, um Zeugnis zu geben von dem Übel, das sie darstellt, und von der geistigen Freiheit gegenüber den Gütern, folgt damit dem Beispiel Christi [... Philipper 2,5–8; 2 Korinther 8,9 ...]

In der „Methode" liegt möglicherweise auch das Geheimnis verborgen, das Medellín zu einem solch einzigartigen Ereignis werden lässt. Die Methode, die mehr ist als eine intellektuelle

Technik, unterscheidet Medellín grundsätzlich vom Zweiten Vatikanischen Konzil, ausgenommen die „Pastoralkonstitution über die Kirche in der Welt von heute". Angeregt von der Theologie über die „Zeichen der Zeit", geht Medellín in seinen Reflexionen stets von der Realität aus, in der sich der Kontinent befindet, und zwar sowohl in politisch-ökonomischer, als auch in kultureller und kirchlicher Hinsicht. Die hier vernommenen Anfragen werden im Licht der Heiligen Schrift sowie im Licht der kirchlichen Tradition gedeutet und dann in einem dritten Schritt zu handlungsleitenden Weisungen weiterentwickelt. Dieser dritte Schritt soll dazu dienen, die Wirklichkeit im Blick auf das Reich Gottes und auf die Befreiung der Armen zu verändern, den Strukturen der Sünde die Strukturen der Gnade entgegenzusetzen. Aus der Konfrontation mit den Gegebenheiten sowie aus der Reflexion über die Lehre der Kirche also geht der Vorschlag der Bischöfe zu konkretem Handeln hervor:

> Deshalb wollen wir, dass die Kirche Lateinamerikas den Armen die Frohe Botschaft verkündet und mit ihnen solidarisch ist. Sie soll den Wert der Güter des Gottesreiches bezeugen und demütige Dienerin aller Menschen unserer Völker sein. Ihre Hirten und die übrigen Mitglieder des Gottesvolkes müssen ihrem Leben und ihren Worten, ihren Haltungen und ihren Taten den notwendigen Zusammenhang mit den Forderungen des Evangeliums und den Bedürfnissen der lateinamerikanischen Menschen geben. (Dok. 14,8)
>
> Der besondere Auftrag des Herrn, „den Armen die Frohe Botschaft zu verkünden", muss uns zu einer Verteilung der Kräfte und des apostolischen Personals führen, die den ärmeren und bedürftigeren und aus irgendwelchem Grunde ausgeschlossenen Sektoren wirklichen Vorrang gibt, indem man die Initiativen und Studien, die mit diesem Ziel bereits unternommen werden, ermutigt und beschleunigt.

Wir Bischöfe wollen uns in Einfachheit und aufrichtiger Brüderlichkeit immer mehr den Armen nähern, indem wir ihnen Zugang zu uns ermöglichen und leicht machen. (Dok. 14,9)

Wir müssen das Gewissen zur solidarischen Verpflichtung mit den Armen, zu der die Nächstenliebe uns führt, schärfen. Diese Solidarität bedeutet, dass wir uns ihre Probleme und Kämpfe zu eigen machen und für sie zu sprechen wissen. Dies muss sich in der Anklage der Ungerechtigkeit und Unterdrückung konkretisieren, im christlichen Kampf gegen die unerträgliche Situation, die der Arme häufig erleiden muss, in der Bereitschaft zum Dialog mit den für diese Lage verantwortlichen Gruppen, um ihnen ihre Pflichten begreiflich zu machen. (Dok. 14,10)

Es fällt nicht schwer, sogar an konkreten Formulierungen zu erkennen, wie sehr die in Medellín Versammelten von dem Geist mitbestimmt sind, der das Bemühen der Gruppe „Kirche der Armen“ während des Konzils bestimmt hatte. Der Rückgriff auf die Lehre der Kirche und die konkreten Folgerungen für die Praxis der Kirche erinnern an die Initiativen von Paul Gauthier, Bischof Mercier, Bischof Hélder Câmara und Kardinal Lercaro. Ja, manche Gedanken und sogar Formulierungen erinnern wörtlich an den Katakombenpakt vom November 1965.

Das Damaskus-Erlebnis, das die koloniale Kirche Lateinamerikas durch Medellín erfährt, hat die Bischofsversammlung treffend zusammengefasst in einem Abschnitt des Dokumentes Nr. 5,15, wenn sie fordert:

... dass sich in Lateinamerika immer leuchtender das Gesicht einer wirklich armen, missionarischen und österlichen Kirche zeige, losgelöst von aller zeitlichen Macht und mutig engagiert in der Befreiung des ganzen Menschen und aller Menschen.

Hier ist – ohne die bekannte Formel „opción por los pobres" zu verwenden – die Option wegen der Armen und gegen die Armut in ihrer mystisch-politischen Bedeutung für Christen, Kirchen und Gesellschaft präzise beschrieben.

Und zugleich wird hier die Wirkung des Einsatzes gegen die Armut genannt: die Befreiung von Unrecht und Elend. Auch das Thema Befreiung beseelt die Versammlung von Medellín. Es zieht sich ebenfalls wie ein roter Faden durch die Dokumente: Die Konfrontation mit der ungerechten Realität, die Einsicht in ihre Zusammenhänge und Faktoren weckt „in großen Teilen der lateinamerikanischen Bevölkerung eine Haltung des Protestes und Bestrebungen nach Befreiung" (Dok 10, 2). Das Werk Gottes wird als „eine Handlung der ganzheitlichen Befreiung und Förderung des Menschen in seiner vollen Dimension" definiert (Dok 1,4). „Jede Befreiung [ist] schon eine Vorwegnahme der vollkommenen Erlösung durch Christus." [Deshalb] fühlt sich die lateinamerikanische Kirche mit allen erzieherischen Anstrengungen, die auf die Befreiung unserer Völker abzielen, besonders solidarisch. (Jesaja 58,6 und 61,1)" (Dok 4,9) Aus diesen Reflexionen geht im Anschluss an die Versammlung von Medellín die „Theologie der Befreiung" hervor, die außer Gustavo Gutiérrez auch Hugo Assmann und Rubem Alves sehr bald systematisch darstellen sollten.

Seit Medellín ist „die Kirche der Armen" Bestandteil des kirchlichen Lehramtes einer kontinentalen Ortskirche in der katholischen Weltkirche geworden – das ist dem hartnäckigen Einsatz der Katakombenpakt-Bischöfe zu verdanken. Es gelingt ihnen, die Themen des Paktes nicht nur zu einem wichtigen Bestandteil der Tagesordnung auf der Versammlung von Medellín zu machen, sondern darüber hinaus einen qualitativen Sprung zu tun: „Seither teilte sich die Welt entlang zweier Optionen: für oder gegen Medellín.“[81]

Medellín provoziert also auch eine konfliktive Spannung in der kirchlichen und politischen Welt. Die folgenden Jahre sollten offenkundig werden lassen, welche kirchlichen, theologischen, sowie politischen und ökonomischen Kosten mit dieser Entscheidung verbunden sind, ja, welch dramatische persönlichen Folgen sie hervorrufen würde. Tatsächlich verändern viele Bischöfe den Stil ihrer Amtsausübung. Viele Priester, Ordensschwestern und Ordensbrüder leben mit dem einfachen Volk zusammen. Verschiedene Bischofskonferenzen wagen es, das Unrecht klar beim Namen zu nennen, z. B. in Brasilien, Chile, Peru, und Guatemala. Fabrikarbeiter, Landarbeiter, Arbeitslose und Hausangestellte organisieren sich mit Hilfe der Kirche und bilden „Basisgemeinden“.

Der Konflikt mit der politischen Macht

Medellín provoziert einen tiefgreifenden kirchlich-gesellschaftlich-politischen Konflikt. Der US-Gouverneur Nelson Rockefeller reist im April und Mai 1969 mit dreiundzwanzig Beratern durch Lateinamerika, um die den Kontinent betreffende US-Politik zu überprüfen. In seinem Bericht an den Präsidenten Nixon stellt er fest: „Wenn die lateinamerikanische Kirche mit den Beschlüssen von Medellín ernst macht, sind die Interessen der USA in Lateinamerika gefährdet.“ Massenhaft Prediger aus den USA nach Lateinamerika zu entsenden, sollte dazu verhelfen, die angeblich „anti-amerikanischen“ Kräfte zu schwächen. Nach dem Sieg der „Unidad Popular“ in Chile und dem Regierungsantritt von Salvador Allende im Jahr 1970 beginnt die politisch-militärische Gegenoffensive der US-Regierung gegen die Ausbreitung des „Kommunismus" auf dem Kontinent. Militärdiktaturen in zahlreichen Ländern werden errichtet, die der Ideologie der „Nationalen Sicherheit" folgen: Pinochet in Chile, Banzer in Bolivien, Videla in Argentinien usw. Mit Verweis auf die „Nationale Sicherheit" setzen sie Grundrechte außer Kraft, verfolgen Führungskräfte der sozialen Bewegungen, der Gewerkschaften, der Kirchen.

Zu welch konkreten Folgen diese Entwicklung führt, lässt sich exemplarisch am Ereignis von Riobamba, Ecuador, ablesen.[82] Der dortige Bischof Leonidas Proaño hatte während des Konzils zur Gruppe „Kirche der Armen" und zu den Katakombenpakt-Bischöfen gehört. Er hatte seine Arbeit in der Diözese Riobamba entsprechend gestaltet und nach der Versammlung von Medellín bereits an zwei Bischofstreffen teilgenommen, in denen man sich über zwischenzeitliche Erfahrungen ausgetauscht hatte. Für den August 1976 hatte Bischof Proaño zu einem solchen Austausch nach Riobamba eingeladen.

Der Theologe José Comblin erzählt in einer persönlichen Begegnung als Augenzeuge von diesem Ereignis:

> Die zentrale Bedeutung der Armen für das Christentum habe ich am besten bei einer bestimmten Episode meines Lebens begreifen gelernt. Es geschah am 12. August 1976, als 17 Bischöfe in Riobamba inhaftiert wurden. Außerdem etwa vierzig Priester, Ordensleute, Männer und Frauen. Zu ihnen gehörte auch Adolfo Pérez Esquivel, der Friedensnobelpreisträger. Und ich mitten drin. Wir alle wurden von Soldaten mit Maschinengewehren abgeführt und zu einer Garnison nach Quito gebracht. Dort wurden wir ohne weitere Erklärung, in einem großen Saal eingeschlossen. Der Armee war gesagt worden, da wäre eine

Sie können uns helfen, Ihre Wünsche und Anregungen künftig noch besser zu berücksichtigen. Dazu beantworten Sie uns bitte folgende Fragen. Als kleines Dankeschön verlosen wir unter allen Einsendern viermal im Jahr ein Buchpaket mit 10 frei auswählbaren Büchern.

Diese Karte habe ich dem Buch entnommen:

____

Ich bin auf dieses Buch aufmerksam geworden durch:

❍ Prospekt __________

❍ Anzeige in __________

❍ Buchbesprechung in __________

❍ Empfehlung von Freunden/Bekannten/Kollegen

❍ Homepage des Verlags __________

❍ Internet allgemein __________

❍ Buchhandlung __________

❍ Ich habe das Buch geschenkt bekommen

Wie hat Ihnen das Buch gefallen?

Mich interessieren aus dem Programm besonders:

❍ Topos Premium

❍ Geschenk

❍ Lebenswissen – Lebenssinn

❍ Spiritualität

❍ Sachbuch

❍ Biografien

❍ __________

Zu diesem Thema sollte Topos Taschenbücher ein Buch in sein Programm aufnehmen:

____

Weitere Anmerkungen:

Liebe Leserin, lieber Leser,

vielen Dank, dass Sie dieses Buch gekauft haben. Gerne informieren wir Sie regelmäßig über unser Programm. Schicken Sie uns einfach die ausgefüllte Karte zurück oder senden Sie diese als Fax. Sie erhalten dann die neuesten Informationen zu unserem Programm per Post bzw. per E-Mail.

❍ Senden Sie mir bitte Ihren Neuheitenprospekt
❍ einmalig ❍ regelmäßig
❍ Informieren Sie mich bitte per E-Mail über Ihre Neuerscheinungen

Datum, Unterschrift

Bitte per Post senden oder als Fax: 0 28 32/929-139

Vorname, Name

Straße, Hausnummer

PLZ, Ort

E-Mail

Porto
zahlt
Empfänger

Deutsche Post
ANTWORT

Topos Taschenbücher
Herrn Dr. Berthold Weckmann
Hoogeweg 100
47623 Kevelaer
Deutschland

gefährliche Guerilla-Gruppe mit schweren Waffen zusammengekommen. Deshalb wurden alle gefangen genommen und in Omnibussen in die Kaserne von Quito überführt. Da waren wir nun also in der Kaserne versammelt, und einige Bischöfe sagten: „Wenn sie uns Bischöfe schon so behandeln, was geschieht dann wohl mit den Campesinos?" Mitten in der Nacht meinten einige Bischöfe, es wäre doch gut, eine Eucharistie zu feiern. Aber wie sollte man an Brot und Wein kommen? Eine Frau aus Ecuador sprach mit den Soldaten, und es gelang ihr, sie zu überzeugen, etwas Brot und Wein herbeizuschaffen. Dann haben wir alle Eucharistie gefeiert. Am gleichen Tag feierte einer der Bischöfe, Mons. Parra León, der Bischof von Cumaná in Venezuela, sein fünfzigjähriges Priesterjubiläum. Er war so bewegt, dass er weinen musste. Und da sagte er: „Seit fünfzig Jahren feiere ich täglich die Eucharistie, ohne einen einzigen Tag auszulassen. Aber erst jetzt verstehe ich!" Man kann Eucharistie feiern und dabei an alles denken, was Theologen und Liturgiewissenschaftler dazu lehren. Man kann sehr fromm, ehrfürchtig und liebevoll Eucharistie feiern, aber ohne zu verstehen, was sie bedeutet. Man versteht weder die Eucharistie noch – allgemeiner gesprochen – Jesus von Nazaret auf der Basis von Frömmigkeit, religiösen Gefühlen oder theologischem Wissen. Das alles ist zweitrangig und verhindert, die Realität zu erkennen. Erst als der Bischof ein Gefangener war (und dazu noch in relativ bequemen Umständen), als er sich in einer ohnmächtigen Lage befand, wurde er arm und verstand. Dieser symbolische Akt wird noch bedeutsamer, wenn man berücksichtigt, dass hinter der Festnahme der päpstliche Nuntius in Ecuador und der Erzbischof von Guayaquil standen, die erbitterte Feinde von Mons. Proaño waren.

Wenige Tage vor diesem Vorfall in Ecuador hatte am 4. August 1976 die Militärdiktatur in Argentinien den Bischof Enrique Angelelli von La Rioja umgebracht. Angelelli war dem Katakombenpakt und Medellín trotz vieler Einschüchterungsversuche treu geblieben. Die Mächtigen sahen ihre Privilegien durch diese Kirche bedroht und hielten sie für kommunistisch unterwandert. Dagegen wollten sie das christliche Abendland verteidigen. In einer Versammlung der Organisation amerikanischer Staaten im Jahr 1976 hatte Augusto Pinochet, der Vorsitzende der Militärjunta von Chile, dieses Denken auf den Punkt gebracht:

> Die abendländische und christliche Zivilisation, von der wir ein untrennbarer Teil sind, ist innerlich geschwächt und von außen angegriffen. Der ideologische Krieg, der die Souveränität der freien Staaten und die wesentliche Würde des Menschen bedroht, lässt keinen Raum für bequeme Neutralismen. Denn wir erfahren im innenpolitischen Handeln verschiedener Länder die ideologische und soziale Aggression einer Doktrin, die unter dem Mantel einer angeblichen Befreiung der Proletarier ihr Ziel der Errichtung einer kommunistischen Diktatur verbirgt.[83]

Hier wird der „Krieg niedriger Intensität" zur Doktrin des totalen Krieges weiterentwickelt, der alle Lebensbereiche umfasst. Die lateinamerikanischen Diktaturen entwerfen ein gemeinsames Konzept, mit dem sie Aufstände bekämpfen wollen, und nennen es „Operation Condor"[84]. Aus dieser Organisation der Geheimdienste geht schließlich der sog. „Banzer-Plan" hervor – benannt nach dem bolivianischen Diktator Hugo Banzer. Nach diesem Plan sollen vor allem Strömungen innerhalb der katholischen Kirche bekämpft werden, die man der internationalen kommunistischen Bewegung zurechnet. Mitglieder der Kirche der Armen und Anhänger der Theologie der Befreiung sollen „beseitigt" werden. Hunderte von Mitgliedern der Gemeinden, Ordensmitglieder, Priester und Bischöfe werden umgebracht.

Der Konflikt mit dem Vatikan

Der innerkirchliche Konflikt lässt ebenfalls nicht auf sich warten. Zwar hatte Papst Paul VI. die Dokumente von Medellín unmittelbar nach der Versammlung akzeptiert. Aber die Kurie in Rom geht zunehmend auf Distanz zur „Kirche von Medellín". Sie entwirft einen Plan, die Leitung des aus dem Konzil stammenden CELAM auszutauschen und durch eine willfährige Mannschaft zu ersetzen. Im Jahre 1972 hält man den Zeitpunkt für diesen sogenannten „Putsch von Sucre" für gekommen.[85] Die neue CELAM-Leitung führt die Kampagne an, um Medellín und den solidarischen Kampf mit den Armen gegen die Armut zu denunzieren. Dafür verwendet man stets das Argument, Medellín sei fehlinterpretiert worden; die Basisgemeinden stünden im Dienst einer organisierten Politisierung des christlichen Glaubens; das Verständnis von der „iglesia popular" (d. h. der Kirche, in der die kleinen Leuten zu sagen haben), müsse als schismatisches Bestreben verurteilt werden, die mit den kleinen Leuten entwickelte Bibellektüre („lectura popular de la Biblia") sei als eine Methode zu bezeichnen, die Bibel politisch zu missbrauchen.

Ebenfalls im Jahr 1976, also nahezu parallel zu den bereits erwähnten Ereignissen in Ecuador und Argentinien, findet ein weiteres kirchenpolitisch bedeutsames Treffen statt, das gegen die Kirche von Medellín gerichtet ist und bei dem führende deutsche Katholiken sich besonders engagieren. Unter der Federführung des Essener Bischofs Franz Hengsbach, der zugleich Vorsitzender des Hilfswerkes „Adveniat" ist, arrangiert der von Hengsbach mitgegründete Studienkreis „Kirche und Befreiung" in Rom eine Zusammenkunft. Dieser Studienkreis hat sich seit 1973 – also kurz nach dem „Putsch von Sucre“ – jährlich mindestens einmal mit dem Ziel getroffen, wie Hengsbach sagt[86], „jeder Umdeutung des christlichen Glaubens in ein soziales oder politisches Programm und damit einer Verfälschung der christlichen Botschaft zu wehren“[87]. Denn es sei auffällig und problematisch – so Bischof Dario Castrillón Hoyos –, „dass man fast in jedem lateinamerikanischen Land stark politisierte und radikalisierte, ja sogar marxoide Priestergruppen antrifft. [...] Die peruanische ONIS[88] ist die stärkste und bestorganisierte Bewegung. [...] Seit geraumer Zeit hat sich die ONIS zum Koordinationszentrum für ganz Lateinamerika gemacht. [...] Die wichtigsten Führer sind Priester sozialistischer Ausrichtung im Rahmen der marxistischen Analyse.“[89] Der kolumbianische Bischof diffamiert mit diesen Worten nicht nur Mitbrüder im kirchlichen Dienst, u. a. den peruanischen Priester und Theologen Gustavo Gutiérrez, ohne sie namentlich zu nennen, sondern liefert sie dem Zugriff der Militärs aus. Neben Bischof Hengsbach und Dario Castrillón Hoyos, dem Bischof von Pereira, Kolumbien, wirken in diesem Arbeitskreis u. a. auch Alfonso Lopez Trujillo, Weihbischof von Bogotá und seit 1972 Generalsekretär des CELAM, sowie die deutschen Professoren Weber und Rauscher mit.

Als dann Bischof Hengsbach 1977 auch noch durch den bolivianischen Diktator Hugo Banzer mit dem Orden „Condor de los Andes“ ausgezeichnet wird, artikuliert sich Widerstand in der katholischen Kirche der Bundesrepublik. Zwölf westdeutsche Theologen veröffentlichen ein „Memorandum“[90] zur Kampagne gegen die Kirche der Armen und ihre Theologie der Befreiung. Darin heißt es unter anderem:

> Wir können nicht ruhig hinnehmen, dass gerade die deutsche Kirche wieder einmal in den bösen Verdacht gerät, es mit den Mächtigen zu halten und bewusst oder unbewusst das menschenfeindliche Verhalten sich christlich nennender Diktatoren zu übersehen oder aus taktischen Gründen umzudeuten.

Karl Rahner, einer der Unterzeichner des Memorandums, erklärt zur Begründung:

> Das ist keine Sache eines bloßen Theologengezänkes, denn wenn lateinamerikanische Militärdiktaturen, die mit Brachialgewalt gegen ihre Gegner vorgehen und sich dort als christlich deklarieren, sich auf einen europäischen Konsens darüber berufen könnten, dass die Theologie der Befreiung zweifellos eine unchristliche Sache sei, dann wird dieser akademische Streit zu einer Sache, bei der es Theologen und Priestern drüben um Kopf und Kragen geht. Darum mussten wir reden.[91]

In den Auseinandersetzungen spiegelt sich die hohe Spannung, die während der Vorbereitung auf die Dritte Generalversammlung der lateinamerikanischen Kirche herrscht. Diese Dritte Generalversammlung sollte ursprünglich zehn Jahre nach Medellín 1978 stattfinden, wird dann aber wegen des Todes von Papst Paul VI. und seines Nachfolgers Papst Johannes' Pauls I. verschoben und mit Zustimmung des neugewählten Papstes Johannes' Pauls II. für Januar 1979 nach Puebla in Mexiko einberufen. Der Generalsekretär des CELAM, Weihbischof Lopez Trujillo, will Puebla zur Korrektur von Medellín machen. In einem Brief, den er kurz nach der Wahl des neuen Papstes an einen befreundeten brasilianischen Erzbischof schreibt, spricht er davon, wie wichtig Puebla werde, vor allem auch im Hinblick auf die Neuwahl der CELAM-Führung. Man dürfe nicht ohne ideologische Grundlage und ohne konkret entwickeltes Programm darauf zugehen.

> Stell also deine Jagdflugzeuge und Bomber bereit. [...] Wir brauchen dich heute mehr denn je. Ich glaube, du solltest dich ebenso trainieren wie die Boxer, die zum Kampf um die Weltmeisterschaft in den Ring steigen. Deine Schläge sollten vom Evangelium bestimmt und treffsicher sein.[92]

Dieser Brief wird in den ersten Tagen der Versammlung von Puebla bekannt. Der Vorgang öffnet allen, die nach Puebla kommen, die Augen. Ein Teil der Bischöfe, die am Konzil und am Katakombenpakt mitgewirkt hatten sowie in Medellín aktiv beteiligt waren, sind in Puebla ebenfalls wieder dabei. Geprägt von ihren Erfahrungen, getragen von den Hoffnungen und Leiden der Menschen, mit denen sie leben, provoziert durch die mörderische „Ideologie der nationalen Sicherheit", sind sie willens, dafür einzutreten, dass die lateinamerikanische Kirche dem in Medellín eingeschlagenen Weg treu bleibt.

Konflikt und Widerstand in Puebla 1979

Die Folgen der konfliktiven Phase zwischen 1968 und 1979 werden in Puebla unmittelbar spürbar. Als sich die Kirche Lateinamerikas 1968 in Medellín versammelte, war sie noch nicht der Verfolgung und dem Martyrium ausgesetzt, sondern atmete den frischen Wind, der vom Zweiten Vatikanischen Konzil aus wehte. Zehn Jahre später trifft sich in Puebla eine Kirche, deren Mitglieder, engagierte Frauen und Männer, Ordensleute, Priester und Bischöfe, verfolgt, von Geheimdiensten überwacht, ins Exil getrieben, in Gefängnisse gesteckt, gefoltert und schließlich umgebracht werden. Das Dokument von Puebla[93] beschreibt, welche Ängste die Mitglieder der Kirche zusammen mit der Mehrheit der Gesellschaft erfassen:

> ... die Ängste, die sich aus dem in Gewaltregimen typischen Machtmissbrauch ergeben. Es sind dies die Ängste, die das Ergebnis einer systematischen oder selektiven Repression sind, die von Denunzierungen, der Verletzung der privaten Sphäre, einem unangemessenen Druck, Foltern und Verbannung begleitet sind. Es sind die Ängste, die in so vielen Familien aufgrund des Verschwindens geliebter Angehöriger aufsteigen, von denen sie keinerlei Nachricht erhalten. Es ist die völlige Unsicherheit, die durch Verhaftungen ohne richterliche Anweisung entsteht. Es sind die Ängste, die sich aus einer Ausübung der Justiz ergeben, die abhängig oder gefesselt ist. (DP, 42)

Aber diese Ängste schüchtern die Kirche nicht ein und bringen sie nicht zum Schweigen:

> So wie es die Päpste gefordert haben, muss die Kirche „auf der Grundlage einer echten Verpflichtung im Geist des Evangeliums" (Johannes Paul II., Eröffnungsrede III.2) ihre Stimme erheben und solche Situationen anklagen und verdammen, dies umso mehr, wenn die Regierenden oder Verantwortlichen sich zum Christentum bekennen. (DP, 42)

Aber ein solch prophetisches Verhalten hat auch unmittelbare Konsequenzen für die Kirche, zieht Spaltungen und Verfolgung der Kirchen selbst nach sich.

> Die prophetische Anklage der Kirche und ihre konkreten Verpflichtungen gegenüber den Armen haben ihr in nicht wenigen Fällen Verfolgungen und Bedrängnisse verschiedener Art eingetragen. Die Armen selbst waren die ersten Opfer dieser Bedrängnisse. All dieses hat Spannungen und Konflikte innerhalb und außerhalb der Kirche hervorgerufen. Häufig hat man die Kirche beschuldigt, entweder auf der Seite der sozio-ökonomischen und politischen Mächte zu stehen oder

> sich auf den gefährlichen Irrweg der marxistischen Ideologie zu begeben. (DP, 1138–1139)

Die Versammlung von Puebla bleibt jedoch nicht bei der Beschreibung dieser konfliktiven Lage stehen, sondern analysiert mutig, dass der Blick auf das Verhalten der Kirche ideologisch verstellt ist:

> Die Furcht vor dem Marxismus hindert viele daran, die bedrückende Realität des liberalen Kapitalismus klar zu sehen. Man kann sagen, dass man angesichts der Gefahr eines Systems, das deutlich von der Sünde gekennzeichnet ist, vergisst, jene Realität anzuklagen und zu bekämpfen, die das Ergebnis eines anderen, ebenso von der Sünde gekennzeichneten Systems ist (vgl. Johannes Paul II.: Homilie Zapopán AAS LXXI S. 230). Gerade dieses letztere System muss man aufmerksam beobachten, ohne die historischen, atheistischen und gewaltsamen Ausprägungen des Marxismus zu vergessen. (DP, 92)

Die Kirche beginnt, ihre „konstantinische Gefangenschaft" hinter sich zu lassen:

> Das Bild der Kirche als Verbündete der Mächtigen dieser Welt hat in der Mehrzahl unserer Länder einen Wandel erfahren. Ihr festes Eintreten für die Menschenrechte und ihr Engagement zugunsten eines wirklichen sozialen Fortschritts haben sie dem Volk nähergebracht, obgleich sie andererseits von manchen gesellschaftlichen Gruppen nicht verstanden wurde und diese sich auch von ihr entfernt haben. (DP, 83)

Wie für die ersten Christen im Römischen Reich ist das Hauptproblem für die Kirche Lateinamerikas nicht der Atheismus, sondern die Frage, welchem Gott gegenüber sie sich als „Atheist" zu bekennen hat. Die Götzen des Todes vom Gott des Lebens zu unterscheiden wird zum Hauptthema der Kirche der Armen. Sie ist atheistisch gegenüber dem Götzen Mammon und dem Gottkaiser. Und viele, die sich als Atheisten gegenüber dem „Gott der Christen" bekennen, aber an der Seite der Unterdrückten kämpfen, haben nur einen Gott des sogenannten christlichen Abendlandes kennengelernt, aber nicht den Gott des befreienden Auszugs aus dem Land der Sklaverei. Für deren Atheismus hat auch die Kirche Verantwortung zu übernehmen. Echte Atheisten sind vielmehr jene, die Geld, Kapital, Reichtum und ihre eigene Sicherheit vergötzen und andere Menschen dafür sogar zu Opfern machen. Angesichts dieser Herausforderung weiß die Kirche sich in Puebla eindeutig zu positionieren:

> Die grausamen Gegensätze zwischen Luxus und äußerster Armut, die auf unserem Kontinent so vielfach sichtbar sind und zudem durch die Korruption verschärft werden, die häufig im öffentlichen und im Berufsleben zu finden ist, zeigen, in welchem Ausmaß unsere Länder unter der Herrschaft des Idols des Reichtums stehen.
>
> Diese Idolatrien finden ihren stärksten Ausdruck in zwei einander entgegengesetzten Formen, die eine gemeinsame Wurzel haben im liberalen Kapitalismus und, als Reaktion auf diesen, im marxistischen Kollektivismus. Diese beiden Phänomene sind Ausdrucksformen dessen, was man „institutionalisierte Ungerechtigkeit" nennen kann. (DP, 494–495)

Doch die „institutionalisierte Ungerechtigkeit" wird verschärft und verfestigt, wenn militärisch-politische Regierungen durch Morde, Verschwindenlassen von Menschen, willkürliche Haft, Terrorakte, Entführungen sowie auf dem ganzen Kontinent verbreitete Folterungen einen totalen Mangel an Achtung vor der Würde des Menschen offenbaren.

Solche menschenverachtenden Untaten werden in manchen Fällen sogar als Erfordernisse der nationalen Sicherheit zu rechtfertigen gesucht.[94] Dahinter verbirgt sich jedoch eine Theorie, die nur als Ideologie bezeichnet werden kann:

> Sie stellt den einzelnen Menschen in den uneingeschränkten Dienst eines vermeintlichen totalen Krieges gegen die kulturellen, sozialen, politischen und wirtschaftlichen Konflikte und damit gegen die Bedrohung des Kommunismus. [...] Wenn auch die nationale Sicherheit für jede politische Organisation eine Notwendigkeit ist, so stellt sie sich doch, unter diesem Gesichtspunkt betrachtet, als das Absolute gegenüber den Menschen dar; in ihrem Namen wird die Unsicherheit des Einzelnen institutionalisiert. (DP, 314) [...] In gewissen Ländern Lateinamerikas will man diese Lehre sogar als eine Doktrin der Verteidigung der westlich-christlichen Zivilisation rechtfertigen. (DP, 547 c)

Hier findet nach Ansicht der Bischofsversammlung ein Götzendienst statt:

> Die politische Macht wird vergöttlicht, wenn sie in der Praxis dem Absoluten gleichgesetzt wird. Daher ist die totalitäre Verwendung der Macht eine Form von Idolatrie, und als solche verwirft sie die Kirche (vgl. GS, 75). [...] Die Situation wird erschwert durch die Tatsache, dass diese Machtzentren sich in undurchsichtigen Formen strukturiert vorfinden, überall vorhanden sind und sich leicht der Kontrolle der Regierungen und der internationalen Organisationen selbst entziehen. (DP, 500–501)

Die Götzenkritik ist die Kehrseite der Reich-Gottes-Verkündigung. Will die Kirche also überzeugend „das Reich Gottes verkündigen", das heißt konkret eintreten für ein gesellschaftliches Zusammenleben in Gerechtigkeit und Freiheit, dann muss sie die Götzen von ihrem Thron stürzen (DP, 405; 420).

Aus dem schmerzlichen Lernprozess im Jahrzehnt zwischen 1968 und 1979 ist eine Kirche hervorgegangen, die wirklich dabei ist, die Kirche der Armen zu werden. „Während Medellín die Taufe für unsere lateinamerikanische Kirche mit ihrer Orientierung an den Armen, ihren Basisgemeinden und ihrem Bemühen um Befreiung bedeutete, wurde Puebla die Firmung!" Mit dieser Äußerung bringt der brasilianische Befreiungstheologe Leonardo Boff das neu gewonnene Selbstbewusstsein der lateinamerikanischen Kirche auf den Punkt. „Gefirmt" durch das vergangene Jahrzehnt, kann die Bischofsversammlung in Puebla feststellen:

> Mit erneuerter Hoffnung auf die belebende Kraft des Geistes machen wir uns wieder die Auffassung der Zweiten Vollversammlung zu eigen, die eine klare und prophetische, vorrangige und solidarische Option für die Armen zum Ausdruck brachte, trotz der Abweichungen und Deutungen, mit denen manche dem Geist von Medellín seine Kraft nahmen, trotz der Unkenntnis und sogar der Feindseligkeit anderer (vgl. Johannes Paul II., Eröffnungsansprache Einführung, AAS LXXI S. 187).
>
> Wir bestätigen die Notwendigkeit der Umkehr der gesamten Kirche im Sinne einer vorrangigen Option für die Armen mit Blickrichtung auf deren umfassende Befreiung. (DP, 1134ff.)

Das war nach den innerkirchlichen Auseinandersetzungen und der politischen Konfliktlage vor Puebla nicht unbedingt zu erwarten. Nicht nur furchtlos, sondern gestärkt durch die Leidens- und Solidaritätserfahrungen, bezeichnet die Versammlung ihre Option als prophetisch, das heißt als ein Handeln, das aufdeckt, wie sehr die Missachtung der Würde des Menschen, die an den Opfern der herrschenden Verhältnisse offenbar wird, zugleich eine Missachtung des Gottes darstellt, der im Messias Jesus erkannt wird. Sicherlich sind im Dokument von Puebla Texte unterschiedlicher Zielsetzung und Qualität versammelt, aber man hat sich immerhin darauf einigen können, dass die gesamte Kirche eine solche Option zu treffen hat und zu einer dem Evangelium entsprechenden Armut umkehren muss, um diese Option zu beglaubigen.

Die Option ist einerseits geboten im Blick auf die Realität:

> Die Armen entbehren nicht nur der materiellen Güter, sondern auf der Ebene der menschlichen Würde entbehren sie der vollen gesellschaftlichen und politischen Mitbeteiligung. Dies trifft insbesondere für unsere Urbevölkerung, die Landbevölkerung, die Arbeiter, die Randgruppen in den Städten und in starkem Maße für die Frau in diesen sozialen Schichten aufgrund ihrer Unterdrückung und ihrer Randstellung zu. (DP, 1135)

Der Modernisierungsprozess, der seit Medellín den gesamten Kontinent erfasst, hat eine Kehrseite: Immer größere Teile der Bevölkerung werden aus dem produktiven Leben ausgeschlossen und verarmen.

> Diese widersprüchlichen Tendenzen begünstigen die Tatsache, dass eine privilegierte Minderheit sich eines großen Teiles des Reichtums sowie der Gewinne bemächtigt, die durch Wissenschaft und Kultur geschaffen wurden. Andererseits begünstigen diese Tendenzen die Armut einer großen Mehrheit, die sich ihres Ausgeschlossenseins und der Behinderung ihrer wachsenden Bestrebungen nach Gerechtigkeit und Mitbeteiligung bewusst ist. (DP, 1208–1209)

Es handelt sich also nicht um einzelne Unrechtstaten, sondern um ein institutionalisiertes Unrecht, ja, um einen Strukturkonflikt:

> So entsteht ein schwerwiegender Strukturkonflikt: „Der wachsende Reichtum einiger weniger geht Hand in Hand mit dem wachsenden Elend der Massen." (Johannes Paul II., Eröffnungsansprache III, 4 AAS LXXI S. 200)

Die Option ist andererseits geboten im Blick auf die Nachfolge Jesu von Nazaret. Der Strukturkonflikt wird von konkreten Menschen erlitten, auf deren Gesichtern die Kirche das Gesicht des leidenden Messias wiedererkennt:

> Diese äußerste allgemeine Armut nimmt im täglichen Leben sehr konkrete Züge an, in denen wir das Leidensantlitz Christi, unseres Herrn, erkennen sollten, der uns fragend und fordernd anspricht in
> - den Gesichtern der *Kinder*, die schon vor ihrer Geburt mit Armut geschlagen sind, die in den Möglichkeiten ihrer Selbstverwirklichung durch irreparable geistige und körperliche Schäden behindert werden und die in unseren Städten, oftmals ausgebeutet, als Produkt der Armut und des moralischen Zerfalls der Familie ein Vagabundendasein fristen;
> - den Gesichtern der *jungen Menschen* ohne Orientierung, da sie keinen Platz in der Gesellschaft finden und frustriert sind, insbesondere in ländlichen Gebieten und den Randzonen der Städte, da sie weder Ausbildung noch Beschäftigung finden;
> - den Gesichtern der *Indios* und häufig auch der *Afroamerikaner*, die am Rand der Gesellschaft in unmenschlichen Situationen leben und somit als die Ärmsten unter den Armen betrachtet werden können;
> - den Gesichtern der *Landbevölkerung*, die als gesellschaftliche Gruppe fast auf dem ganzen Kontinent in der Verbannung lebt, die manchmal des Grund und Bodens beraubt ist, sich in innerer und äußerer Abhängigkeit befindet und Vermarktungssystemen unterworfen ist, die sie ausbeuten;
> - den Gesichtern der *Arbeiter*, die häufig schlecht bezahlt sind und Schwierigkeiten haben, sich zu organisieren und ihre Rechte zu verteidigen;
> - den Gesichtern der Unterbeschäftigten und *Arbeitslosen*, die aufgrund der harten Bedingungen von Wirtschaftskrisen und Entwicklungsmodellen entlassen wurden, welche die Arbeiter und ihre Familien von kaltem wirtschaftlichem Kalkül abhängig machen;

- den Gesichtern der *Randgruppen der Gesellschaft* und *der zusammengepferchten Bewohner von städtischen Elendsvierteln*, die unter dem doppelten Druck des Mangels an materiellen Gütern und dem sichtbaren Reichtum anderer Gesellschaftsschichten leiden;
- den Gesichtern der *Alten*, deren Zahl ständig zunimmt und die oft von der Fortschrittsgesellschaft ausgeschlossen werden, da man unproduktive Individuen nicht brauchen kann.

Wir teilen mit unserem Volk andere Ängste, die aus dem Mangel an Achtung vor der Würde des Menschen herrühren, der doch das Ebenbild des Schöpfers ist und als Kind Gottes über unveräußerliche Rechte verfügt. (DP, 31–40)

Will man jedoch diese Lage angemessen aus dem Glauben bewerten, muss man sie als „strukturelle Sünde" bezeichnen:

Der Luxus einiger weniger wird zur Beleidigung für das große Elend der Massen. Diese Tatsache läuft dem Plan des Schöpfers zuwider und ist gegen die Ehre gerichtet, die wir ihm schulden. In diesen Ängsten und Schmerzen sieht die Kirche eine soziale Sünde, die umso schwerer wiegt, da sie in Ländern begangen wird, die sich katholisch nennen und die Fähigkeit haben, dies abzuändern. (DP, 28)

Die Option für die Armen folgt der Option, die der Gott des Lebens selbst getroffen hat. Gott selbst greift zugunsten der Armen ein und beweist in Jesus, wo er sich finden lässt:

Allein aus diesem Grunde haben die Armen ein Anrecht auf besondere Fürsorge, ungeachtet ihrer moralischen und persönlichen Situation. Geschaffen nach dem Bilde Gottes und ihm ähnlich (vgl. Genesis 1,26–28), damit sie seine Kinder seien, ist dieses Ebenbild doch verdunkelt und wird verhöhnt. Daher übernimmt Gott ihren Schutz, und er liebt sie (vgl. Matthäus 5,45 [...]). So geschieht es, dass sich die Sendung zunächst an die Armen richtet (vgl. Lukas 4,18–21) und ihre Evangelisierung ist in besonderer Weise Zeichen und Beweis der Sendung Jesu (vgl. Lukas 7,21–23). (DP, 1142)

Zu einer solchen Mission werden alle gerufen, die Kirche des Messias Jesus sein wollen:

> Daher fordern wir, ohne irgendwelche Klassenunterschiede zu machen, alle auf, sich hinter die Sache der Armen zu stellen, als ob es sich um ihre eigene Sache, nämlich die Sache Christi selbst, handelte. „Alles, was ihr für diese meine Brüder, auch die geringsten, getan habt, das habt ihr für mich getan." (Matthäus 25,40) (DP Botschaft 3)

Das Ziel, dem diese Mission dient, ist nicht zweifelhaft:

> ... eine neue Gesellschaft *für* das Volk und *mit* dem Volk aufzubauen (DP, 1220) Das vorrangige Eintreten für die Armen hat als Ziel die Verkündigung Christi, des Erlösers, der ihnen ihre Würde kundtut, ihnen bei ihren Bemühungen um die Befreiung von allen Nöten hilft und sie zur Gemeinschaft mit dem Vater und den Brüdern durch das Erleben der evangelischen Armut hinführt. (DP, 1153)

Folglich ist die Umkehr zur Nachfolge Jesu nicht nur eine innere Bedingung, sondern wird auch zur Veränderung des äußeren Erscheinungsbildes der Kirche führen:

> Wir sind uns dessen bewusst, dass die Veränderung der Strukturen äußerer Ausdruck der inneren Umkehr ist. Wir wissen, dass diese Umkehr bei uns selbst beginnt. Ohne das Zeugnis einer gewandelten Kirche wären unsere Worte, die wir als Hirten sprechen, inhaltlos (vgl. EN 41). (DP, 1221)

Ähnlich wie im Katakombenpakt fordern auch die in Puebla Versammelten Konsequenzen für das Verhalten der Hirten. Im Unterschied zum Katakombenpakt, bei dem es Einzelne waren, die sich für ihr persönliches Verhalten als kirchliche Amtsträger einer Selbstverpflichtung unterzogen, ist es jedoch hier die amtliche Repräsentanz einer kontinentalen Ortskirche, die eine programmatische Forderung erhebt. Damit bewegt sich die Versammlung von Puebla ebenfalls in der Spur der programmatischen Erklärung von Medellín zur „Armut der Kirche".

> Um die Forderung der christlichen Armut zu leben und sie zu verkünden, muss die Kirche ihre Strukturen und das Leben ihrer Glieder, insbesondere der Pastoralträger, mit der Ausrichtung auf eine wirksame Umkehr überprüfen.
>
> Diese Umkehr beinhaltet die Forderung nach einem einfachen Lebensstil und einem völligen Vertrauen auf den Herrn. [...] So wird sie das Bild der echten Armut bieten, sie wird für Gott und den Bruder offen und immer bereit sein, und in ihr werden die Armen die Möglichkeit einer wirklichen Beteiligung haben und in ihrem Wert anerkannt werden. (DP, 1157–1158)

In diesem Prozess öffnet sich die Kirche selbst. Sie entdeckt etwas, was ihr zuvor verborgen geblieben ist. Die Armen selbst sind nicht nur als Akteure der Veränderung gefordert, sie haben längst bewiesen, wie sie in widrigen Verhältnissen widerstehen und durchhalten.

> Die Religiosität des lateinamerikanischen Volkes [wird] häufig zu einem Aufschrei nach wahrer Befreiung. [...] Seinerseits schafft sich das Volk auf der Grundlage dieser Religiosität in sich selbst bei seinem engsten Zusammenleben einige Freiräume für die Ausübung der Brüderlichkeit, oder es benutzt sie, z. B. den Stadtteil, das Dorf, die Gewerkschaft, den Sport. Es verzweifelt nicht auf seinem Wege, es erwartet voller Vertrauen und Hartnäckigkeit den richtigen Zeitpunkt, um in Richtung auf die so ersehnte Befreiung voranzuschreiten. (DP, 452; vgl. auch 1137)

An diesen „Zeichen der Zeit" gehen der Kirche die Augen auch über sich selbst auf. Damit entdeckt sie eine noch gewichtigere Dimension dessen, was evangeliumsgemäße Armut bedeutet:

Die Kirche besitzt nicht die Verfügungsmacht darüber, wer die befreiende Botschaft des Evangeliums in Wort und Tat so weiterträgt, dass sie andere ansteckt. Die Kirche entdeckt, dass die Armen sie näher ans Evangelium heranführen, dass die Armen die Kirche selbst evangelisieren:

> Das Engagement für die Armen und Unterdrückten und das Entstehen der Basisgemeinschaften haben der Kirche dazu verholfen, das evangelisatorische Potenzial der Armen zu entdecken, da sie die Kirche ständig vor Fragen stellen, indem sie sie zur Umkehr aufrufen, und da viele von ihnen in ihrem Leben die Werte des Evangeliums verwirklichen, die in der Solidarität, im Dienst, in der Einfachheit und in der Aufnahmebereitschaft für das Geschenk Gottes bestehen. (DP, 1147)

Zweifellos schreibt das Puebla-Kapitel „Vorrangige Option für die Armen" den Katakombenpakt fort. Aber dort wie hier wird immer noch zwischen der Kirche und den Armen unterschieden. Und diese Unterscheidung wirft eine nachdenkliche Frage auf: Die Kirche soll sich an der Seite der Armen engagieren und arm werden, damit sie gemeinsame Sache mit den Armen machen kann. Die Kirche steht den Armen immer noch gegenüber; sie schaut die Armen an als Menschen, die sich von ihr unterscheiden. Im kirchlichen Jargon scheint es, als werde die Kirche hauptsächlich als Institution, ja als hierarchisch geordnete Institution verstanden. Der Gedanke, der das Konzil, insbesondere die Gruppe „Kirche der Armen", aus dem Schlummer geweckt hat, der Gedanke nämlich, dass die Kirche „das Volk Gottes" sei, ist immer noch nicht klar im Bewusstsein angekommen. Denn es ist doch eindeutig, dass die Mehrheit des Volkes Gottes die Armen sind. Die Kirche gehört den Armen. Dennoch okkupiert eine bestimmte Institution die Kirchlichkeit und deklariert sich selbst zur Kirche. Dieses Faktum, dass eine vom Volk der Armen unabhängige Instanz entstand, die sich als Kirche identifiziert, lässt sich zwar historisch erklären. Ebenso wie die Tatsache, dass sich nur eine kleine Minderheit, die zum Klerus oder zu den Ordensgemeinschaften gehört, und vielleicht ein geringer Teil der herrschenden Schichten, der sich als katholische Laien bezeichnet – dass sich also dieser „katholische Block" als Institution Kirche definiert. Doch biblisch recht verstanden, müsste man umgekehrt denken: Diese kleine Minderheit befindet sich außerhalb oder mindestens am Rand der Kirche, die Menge der Armen aber bildet die Kirche. Hier verbirgt sich ein gravierendes, bislang ungelöstes Problem.

Puebla bestätigt und bestärkt zwar die Kirche der Armen und ihre Theologie der Befreiung. Aber nach Puebla wird sie dafür umso heftiger bekämpft – politisch und kirchlich.

Der Konflikt um den Erzbischof Romero

Der Erzbischof Oscar Arnulfo Romero von San Salvador, der seit seinem Amtsantritt 1977 einem sich stets verschärfenden Konflikt mit den Regierenden des Landes und der kirchlichen Zentrale in Rom ausgesetzt ist, fühlt sich durch Puebla in seinem Dienst ermutigt. Sein Leitbild ist die „Kirche der Armen". Bischof Romero habe in Puebla die Bischöfe des Katakombenpaktes und von Medellín persönlich kennengelernt, berichtet der salvadorianische Theologe Jon Sobrino. Romero sei sehr erfreut von Puebla nach Hause zurückgekehrt und habe erzählt:

An einen der ersten Abende bei der Versammlung in Puebla erinnere ich mich besonders, als ich Bischof Hélder Câmara, Bischof Proaño und Kardinal Arns von Brasilien kennenlernte. Als sie erfuhren, dass ich der Erzbischof von San Salvador sei, sagten sie mir: „Sie haben uns viel zu erzählen. Sie sollen wissen, dass wir darum wissen und dass wir ihr Volk bewundern. Bleiben Sie dem Evangelium weiterhin treu, wie bis jetzt."

Offenkundig haben sie Bischof Romero geschätzt, und Bischof Romero hat sie verehrt. In seiner Rede bei der Verleihung der Ehrendoktorwürde der Universität Löwen, Belgien, am 2. Februar 1980 schildert der Erzbischof, wie er die Kirche der Armen erlebt und versteht.[95] Deshalb sei sie hier auszugsweise zitiert:

1. *Der Bischof als Repräsentant der Kirche der Armen*
Erlauben sie mir, dass ich von den Armen meines Volkes her – die ich repräsentiere – kurz ausführe, wie die Situation der Kirche und ihr Handeln in der Welt, in der wir leben, aussehen, und dass ich danach von der Theologie her Überlegungen darüber anstelle, welche Bedeutung diese reale, kulturelle und sozio-politische Welt für den Glauben der Kirche hat. [...]

2. *Die Realität der Kirche der Armen – dechiffriert mit Hilfe der Bibel*
Unter uns sind die schrecklichen Worte der Propheten Israels Realität. Denn unter uns leben jene, „die den Unschuldigen für Geld und den Armen für ein Paar Sandalen verkaufen" (Amos 2,6), jene, „die Schätze von Frevel und Raub in ihren Palästen sammeln" (Amos 3,10), jene, „die die Armen schinden" (Amos 4,2), jene, „die immer nach Frevelregiment trachten und auf elfenbeingeschmückten Lagern schlafen" (Amos 6,3), jene, „die ein Haus zum anderen bringen und einen Acker an den anderen rücken, bis kein Raum mehr da ist und sie allein das Land besitzen" (Jesaja 5,8). Diese Worte der Propheten Amos und Jesaja sind nicht ferne Stimmen, die uns über Jahrhunderte hinweg erreichen,

das sind keine Texte, die wir ehrerbietig in der Liturgie verlesen. Das sind Realitäten, deren Grausamkeit und Intensität wir täglich erleben. Wir erleben sie, wenn zu uns die Ehefrauen und Mütter derer kommen, die entführt wurden und verschwunden sind, wenn unkenntlich gemachte Leichen auf geheimen Friedhöfen auftauchen, wenn die ermordet wurden, die für Gerechtigkeit und Frieden kämpfen.
[...]

3. Gründe für die Verfolgung der Kirche der Armen
Es steht außer Frage, dass unsere Kirche in den letzten drei Jahren verfolgt wurde. Von Bedeutung ist dabei, warum sie verfolgt wurde. Natürlich ist nicht jeder Priester und nicht jede Einrichtung der Kirche davon betroffen. Es ist nur der Teil der Kirche angegriffen und verfolgt worden, der sich auf die Seite der Armen gestellt und ihre Verteidigung übernommen hat. Der Grund der Verfolgung der Kirche sind die Armen. Wieder sind es die Armen, die uns begreiflich machen, was wirklich geschehen ist. Deshalb versteht die Kirche ihre eigene Verfolgung von den Armen her. Die Kirche nimmt im Grunde nur das Schicksal der Armen auf sich.

Die wirkliche Verfolgung richtet sich gegen das arme Volk, das heute der Leib Christi in der Geschichte ist. Es ist das gekreuzigte Volk – wie Jesus, es ist das verfolgte Volk – wie der leidende Gottesknecht. [...]

4. Glaube und Botschaft der Kirche der Armen
Mit größter Deutlichkeit sehen wir, dass es hier keine Möglichkeit gibt, neutral zu bleiben. Entweder dienen wir dem Leben der Menschen in El Salvador, oder wir sind Komplizen ihres Todes. Hier muss die geschichtliche Vermittlung einer Grundentscheidung des Glaubens erfolgen: Entweder glauben wir an einen Gott des Lebens, oder wir dienen den Götzen des Todes.

Im Namen Jesu arbeiten wir für ein Leben in seiner ganzen Fülle, das sich nicht erschöpft in der Befriedigung materieller Grundbedürfnisse und sich nicht auf den sozio-ökonomischen Bereich beschränkt. Wir wissen sehr gut, dass wir volles Leben in Fülle erst im endgültigen Reich des Vaters haben werden und dass diese Fülle sich geschichtlich realisiert im Dienst für dieses Reich und in der Hingabe an den Vater. Aber ebenso gut wissen wir, dass es im Namen Jesu eine reine Illusion, eine Ironie, ja eine Blasphemie wäre zu vergessen, dass es Voraussetzungen zum Leben geben muss wie Brot, ein Dach über dem Kopf, Arbeit. [...] Die ersten Christen sagten: Gloria Dei, vivens homo. Wir könnten konkreter sagen: Gloria Dei, vivens pauper – die Ehre Gottes ist der Arme, der lebt. Wir glauben, dass wir – vom Gewicht des Evangeliums her – sagen können, was wirkliches Leben für die Armen ist, und wir glauben auch, dass wir wissen werden, was die ewige Wahrheit des Evangeliums ist, wenn wir an der Seite der Armen stehen und versuchen, ihnen Leben zu ermöglichen.

In ganz Zentralamerika wird die Stimme des Erzbischofs von San Salvador über Radio Sonntag für Sonntag gehört, weil er bei seinen Predigten in der Kathedrale Informationen weitergibt, die von den übrigen Kommunikationsmedien zurückgehalten werden. Romero weiß aus eigener Erfahrung, wie Menschen zu Opfern manipulierter Medien werden:

Schmeichler gibt es genug, falsche Propheten gibt es genug. In solch konfliktiven Zeiten wie den unseren gibt es genug Menschen, die mit bezahlter Feder schreiben und ihr Wort verkaufen. Aber sie sagen nicht die Wahrheit.[96]

Auch dieser medialen Präsenz wegen arbeiten die USA daran, über den Vatikan Romero einen Maulkorb zu verpassen. Im Januar 1980 legt der Nationale Sicherheitsberater Zbigniew Brzezinski eine Notiz an, dass die USA dem Papst bereits vorgeschlagen hatten, Romero zu Konsultationen nach Rom zu berufen. Das US-Außenministerium erstellt einen Briefentwurf für Brzezinski, der an den Papst geschickt werden soll und der besagt, dass Romero frühere Ersuche der USA, die Junta zu unterstützen, zurückgewiesen habe. Das sei jetzt der Anlass dafür, „Eure Heiligkeit um eine kluge Intervention zu bitten, um sicherzustellen, dass die Kirche eine verantwortlich konstruktive Rolle zugunsten von Mäßigung und friedlichem Wandel spiele". Brzezinski hat Anfang Februar 1980 ein persönliches Treffen mit seinem polnischen Landsmann Papst Johannes Paul II. Dabei bittet er – in ähnlichen Formulierungen wie im Briefentwurf – um Hilfe, Romero zur Zurückhaltung zu bewegen. Etwa zur gleichen Zeit richtet Präsident Carter einen Brief an den Papst. Er sei besorgt, dass „Elemente der extremen Linken" in Zentralamerika in „Gewalt und Terrorismus verwickelt seien, um die bestehende Ordnung zu zerstören und sie durch eine marxistische zu ersetzen, die ebenso repressiv und totalitär zu werden verspricht".

Ob der Papst von den USA nun gedrängt werden musste oder nicht: Der Vatikan jedenfalls versucht, Romeros öffentlichen Widerstand gegen die salvadorianische Regierung und das Militär zu bremsen. Am 30. Januar 1980 hält Romero sich in Rom auf und dringt darauf, den Papst persönlich zu sprechen. Der Papst versteht, dass Romero Schwierigkeiten habe, dass er weiterhin für soziale Gerechtigkeit und die Liebe zu den Armen eintreten müsse, aber er bittet Romero auch, vorsichtig gegenüber Ideologien zu sein, die auf lange Sicht die Menschenrechte noch schwerer verletzen könnten. Am folgenden Tag informiert der vatikanische Staatssekretär Casaroli Romero darüber, dass der US-Botschafter im Vatikan (Robert Wagner, der ehemalige Bürgermeister von New York) besorgt darüber sei, dass Romero die „revolutionäre Seite" unterstütze.

Zurück in San Salvador entscheidet sich Romero, einen Brief an den US-Präsidenten Jimmy Carter zu schreiben, um die Militärhilfe der USA öffentlich zu kritisieren. In der Sonntagspredigt vom 17. Februar 1980 veröffentlicht er diesen Brief:

> Es wäre ungerecht und beklagenswert, wenn durch Einmischung ausländischer Mächte das salvadorianische Volk daran gehindert würde, autonom über seinen wirtschaftlichen und politischen Weg zu entscheiden. Das bedeutete, ein Recht zu verletzen, das wir lateinamerikanischen Bischöfe in Puebla öffentlich anerkannten, als wir erklärten, dass „die Selbstbestimmung unserer Völker legitim sei, die es ihnen erlaubt, sich aufgrund ihrer Eigenart und des historischen Werdegangs zu organisieren und an einer neuen internationalen Ordnung mitzuwirken" (Puebla Nr. 505). Ich hoffe, dass Ihre religiösen Empfindungen und Ihre Sensibilität für die Verteidigung der Menschenrechte Sie dazu veranlassen werden, meiner Bitte zu entsprechen und dadurch ein noch größeres Blutvergießen in diesem leidenden Land zu vermeiden.

Mit Ausnahme seines Weihbischofs Rivera y Damas kritisieren die anderen Mitglieder der salvadorianischen Bischofskonferenz die Linie Romeros heftig. Sie hatten sogar im Vatikan darüber geklagt, dass Romero zu politisch sei.

Um den 20. März herum fällt in Rom eine Entscheidung, die einschneidende Folgen haben sollte. Kardinal Silvio Oddi von der Kongregation für den Klerus, Kardinal Franjo Šeper von der Kongregation für die Glaubenslehre und Kardinal Sebastiano Baggio von der Kongregation für die Bischöfe wollen dem Papst empfehlen, Erzbischof Romero von San Salvador des Amtes zu entheben.[97] Seine dauernde Kritik an der Regierung und seine „Option für die Armen" drohten, die Kirche des Landes auf verhängnisvolle Weise zu spalten.

„Meine Kongregation wollte, dass Romero einer anderen Diözese zugewiesen würde, weil er unverantwortlich vorging", sagt Kardinal Oddi in einem Interview und macht diese Entscheidung damit zum ersten Mal öffentlich. „Die salvadorianische Regierung deutete seine Lehre als Unterstützung des Kommunismus. [...] Es wurde einstimmig beschlossen, Romero anderswo in Lateinamerika einzusetzen. Kardinal Baggio wurde dazu beauftragt, diese Empfehlung mit Johannes Paul II. zu besprechen." Dazu kommt es nicht mehr. Am 24. März fällt Romero einem Mordanschlag zum Opfer. Papst Johannes Paul II. reagiert in der üblichen Generalaudienz am 26. März 1980 auf den Mord an Romero. Er bringt seinen Schmerz und seine Trauer zum Ausdruck über diesen „bösartigen Gewaltakt, der zu allen anderen Formen des Terrorismus und der rachsüchtigen Vergeltung hinzukommt"[98], findet aber kein einziges persönliches Wort der Unterstützung oder gar Anerkennung für den Einsatz des ermordeten Erzbischofs. Erst drei Jahre später – bei seinem Besuch 1983 am Grab von Oscar Romero – nennt er Romero „den leidenschaftlichen Hirten, den die Liebe zu Gott und der Dienst an den Geschwistern sogar den Weg wiesen, selbst das Leben durch Gewalt zu verlieren, als er das Lebensopfer für Vergebung und Versöhnung darbrachte".

Zu der endlich am 23. Mai 2015 erfolgten Seligsprechung in San Salvador schreibt Papst Franziskus einen Brief, in dem er Romero nicht nur als den „Vater der Armen" wiedererkennt, sondern auch als den Propheten Jesaja:

> Mit dem Herzen eines Vaters sorgte er sich um die überwiegende arm gehaltene Mehrheit des Volkes und forderte zugleich die Mächtigen auf, „die Waffen zu Sicheln der Arbeit" umzuschmieden.[99]

Das salvadorianische Volk beurteilt mit der Weisheit der kleinen Leute die Seligsprechung: *„Sie haben einen Heiligen selig gesprochen!"*

Eine Gruppe von Bischöfen, die zur Beisetzung des ermordeten Erzbischofs zusammengekommen waren, hatte bereits am Vorabend der Beisetzung, am 29. März 1980, dieses Memorandum veröffentlicht:

> Drei Dinge bewundern und verdanken wir der Wahrnehmung des Bischofsamtes durch Bischof Oscar Arnulfo Romero: Erstens war er ein Verkünder des Glaubens und ein Lehrer der Wahrheit; zweitens war er ein hartnäckiger Verteidiger der Gerechtigkeit und drittens war er den Unterdrückten und Armen, den Bauern, den Arbeitern, den Bewohnern der Armensiedlungen ein Freund, ein Bruder und Beschützer. [...] Sein Tod bezeugt jene Kirche, die in Medellín und Puebla auf der Basis des Evangeliums die Option für die Unterdrückten und Armen traf. Deshalb begreifen wir nach dem Martyrium von Bischof Romero besser, was der Tod durch Hunger und Krankheit ständig in unseren Völkern anrichtet, wie viele Kreuze den Weg unseres Kontinentes in diesen Jahren säumen, wie viele Menschen das Martyrium erlitten, wie viele Bauern, einfache Leute, Arbeiter, Studierende, Priester, pastorale Mitarbeiter, Ordensschwestern, Bischöfe eingekerkert, gefoltert, ermordet wurden, weil sie an Jesus Christus glaubten und die Armen liebten. Ihr Tod ist wie der Tod Jesu durch die Ungerechtigkeit der Menschen verursacht und wird zugleich zum Samenkorn für die Auferstehung.[100]

In den Achtzigerjahren des zwanzigsten Jahrhunderts werden die Kirche der Armen und ihre Theologie verschärft der Verfolgung ausgesetzt und mit dem Martyrium konfrontiert: Zu Beginn der Achtzigerjahre wird Erzbischof Romero ermordet; am Ende der Achtzigerjahre die Jesuitenkommunität von San

Salvador. Ihre Namen stehen nur als Beispiele für die ungezählten Männer und Frauen, die in diesem Zeitraum verleumdet, verfolgt, gefoltert, ins Exil getrieben oder ermordet worden sind, und zwar von solchen Machthabern, die sich als Verteidiger christlicher Kultur und Gesellschaft ausgeben.

> Das historisch Neue an der Verfolgung ist, dass sie im Kontext der christlich-abendländischen Welt geschieht durch jene, die sich als Verteidiger dieser Kultur und sogar der christlichen Grundsätze ausgeben. Dies alles geschieht, weil die verschiedenen Götzen der Unterdrückung, die in Puebla als solche gekennzeichnet sind, die Kirche Medellíns und Pueblas als Bedrohung empfinden.[101]

Geheimbündnis zur Forcierung des Konflikts um die Kirche der Armen

Von „einem der bedeutendsten Geheimbündnisse aller Zeiten" muss in diesem Zusammenhang gesprochen werden.[102] Sein Ziel war es, einen „geostrategischen Dialog" über Polen, die Sowjetunion und Lateinamerika zu führen. So qualifizierten zwei Hauptakteure – der damalige Direktor der CIA, William Casey, und der ehemalige außenpolitische Chefberater, Richard Allen – das Unternehmen. Mit dem Amtsantritt des US-Präsidenten Reagan sei in der US-Regierungszentrale ein „katholisches Team" eingerichtet worden, um den Vatikan ständig über alle Aktivitäten seitens der US-Regierung zu unterrichten. Umgekehrt habe der Vatikan bereitwillig Informationen aus Kirchenkreisen nach Washington weitergegeben. Alle Aktionen sollten darauf hinwirken, eine „heilige Allianz" der moralischen Autorität des Papstes und der Lehren der Kirche mit dem überzeugten Antikommunismus und der amerikanischen Demokratievorstellung zu schmieden, wie sie vom „katholischen Team“ vertreten wurde. Kardinalstaatssekretär Casaroli bestätigte, dass es Gemeinsamkeiten zwischen den Interessen des Vatikans und den USA gegeben habe. Der Papst selber habe sich mindestens zwölfmal mit Vernon Walters, dem späteren US-Botschafter in Bonn, und William Casey, dem CIA-Chef, getroffen, die beide zum „katholischen Team“ gehörten. In den Gesprächen habe man nicht nur über das wachsende Aufbegehren im Ostblock, insbesondere in Polen, geredet; stets habe auch die Lage in Zentralamerika, insbesondere in Nicaragua und El Salvador, eine Rolle gespielt, bestätigte der Apostolische Delegat in Washington, Erzbischof Pio Laghi. Im Laufe des Jahres 1982 sprach der Direktor der CIA mit dem Papst

> besonders über die Situation in Mittelamerika und sagte, fünfhundert kubanische Militärberater beteiligten sich an der Ausbildung der Armee von Nicaragua und unterstützten die Sandinisten mit ihrem Nachrichtendienst und ihren Kommunikationssystemen. Nicaragua gewähre den Rebellen des Nachbarstaats El Salvador Asyl. An diesen Machenschaften seien auch die Sowjets, die Ostdeutschen, die Bulgaren und die Nordkoreaner beteiligt. In El Salvador und in Nicaragua werde die Kirche von den Linken angegriffen und von Priestern kritisiert, die sich den Grundsätzen der Befreiungstheologie verpflichtet fühlten. Die Vereinigten Staaten hofften, der Vatikan werde von ihren Zielen abrücken, besonders in Nicaragua, wo es gelegentlich den Anschein hatte, dass die Hierarchie der Kirche bereit war, sich der sandinistischen Bewegung anzuschließen. Natürlich wollte der Papst nicht, dass der Heilige Stuhl das marxistische Regime unterstützte oder seine Priester den Eindruck erweckten, Rom billige seine Ziele.[103]

Dieses Vorgehen wird mitbestimmt vom „Santa-Fe-Papier“ aus dem Jahr 1980, jenem Text des US-„Rates für Interamerikanische Sicherheit“, der eine neue Lateinamerika-Politik für die Achtzigerjahre definiert. Darin werden die Kirche der Armen und ihre Theologie der Befreiung als besonders gefährlich eingeschätzt:[104]

> Die amerikanische Außenpolitik muss beginnen, die Befreiungspolitik, so wie sie in Lateinamerika von einem Teil des Klerus betrieben wird, zu bekämpfen und nicht nur auf sie zu reagieren. Die Rolle der Kirche in Lateinamerika ist entscheidend für das Konzept politischer Freiheit. Unglücklicherweise haben die marxistisch-leninistischen Kräfte die Kirche als eine politische Waffe gegen das Privateigentum und den produktiven Kapitalismus instrumentalisiert, indem sie die religiöse Gemeinschaft mit Ideen infiltriert haben, die weniger christlich als kommunistisch sind.

Dass dieser Text die Bezeichnung „Santa-Fe-Papier“ erhält, ist nicht ohne symbolische Ironie, selbst wenn klar ist, dass der Name augenscheinlich von der Wahl des Ortes stammt, an dem der Rat für Interamerikanische Sicherheit tagt. Denn es geht für den Rat in der Tat um die „santa fe“, um den „heiligen Glauben“. Der Glaube der Kirche der Armen gilt als besonders gefährlich, weil er die absolute Gültigkeit „des Privateigentums und des produktiven Kapitalismus“ infrage stellt. Wer – wie Oscar A. Romero – das Leben des Menschen zum Maßstab macht, weil er anerkennt, dass „Gott geehrt wird, wo und wenn die Armen leben können“ *(Gloria Dei vivens pauper)*, gilt als Feind der Freiheit. Folglich wird die Kirche von Medellín und Puebla als Bedrohung angesehen.

Bemerkenswert, wie US-Strategie und Strategie des Vatikans Hand in Hand wirken: 1983 verbietet Papst Johannes Paul II.

den Priestern in der Revolutionsregierung Nicaraguas, ihr Regierungsamt weiter auszuüben; der gegen Ernesto Cardenal erhobene Zeigefinger ist als Foto um die Welt gegangen. 1984 werden die beiden Befreiungstheologen Gustavo Gutiérrez und Leonardo Boff gemaßregelt. 1986 und 1987 veröffentlicht die vatikanische Kongregation für die Glaubenslehre unter Leitung des deutschen Kardinals Ratzinger die beiden Instruktionen über die Befreiungstheologie, in denen vor einer marxistischen Überfremdung der Theologie gewarnt wird.

Die Umkehr, die das Bild von der „Kirche der Armen" eingeleitet hat, gestaltet sich radikal und konfliktträchtig zugleich. Radikal ist die Umkehr, weil sie aus dem kulturellen, religiösen und spirituellen Wurzelgrund des „einfachen Volkes" in der Zwei-Drittel-Welt hervorgeht. Konfliktträchtig ist die Umkehr, weil sie mit der unterdrückerischen, rassistischen und sexistischen Logik des herrschenden Systems bricht. Deshalb darf man sich nicht darüber wundern, wenn auch Theologen der Befreiung das gleiche Schicksal erfahren wie das einfache Volk. Ignacio Ellacuría, Theologe, Philosoph und Rektor der Universität von San Salvador, wird in der Nacht zum 16. November 1989 zusammen mit fünf weiteren Gefährten und zwei Mitarbeiterinnen von salvadorianischen Militärs umgebracht. Das geschieht just am 16. November 1989 – in den Tagen, als wir in Berlin auf der Mauer tanzten, exakt 24 Jahre nach dem Katakombenpakt in der Domitilla-Katakombe.

Dass man den Ermordeten auch noch die Hirne zerstört, beweist, wie gefährlich für das herrschende System diejenigen werden können, die mit ihren Geistesgaben dem Leben der Armen dienen wollen und darin bezeugen, welchem Gott sie glauben. Ellacuría ist ein Märtyrer der Kirche der Armen und ihrer Theologie der Befreiung, weil er sich von der Weisheit und dem Widerstand der Opfer inspirieren ließ.

Die ideologisch-kulturelle Auseinandersetzung gilt dem System als ein kriegsähnlicher Konflikt. Das wird im „Santa Fe-Papier II" formuliert, das – im Jahr 1988 vom gleichen US-Rat für Interamerikanische Sicherheit veröffentlicht – die Strategie für die Neunzigerjahre entwirft. Die „subversiv-terroristische Bedrohung" in Lateinamerika gilt weiterhin als wirksam. In ihr spielen wiederum die Kirche der Armen und ihre Theologie der Befreiung die Rolle des Feindes:

> Genau in diesem Zusammenhang muss die Befreiungstheologie verstanden werden: Sie ist eine politische Doktrin mit einer Tendenz gegen den Papst und gegen die freie Marktwirtschaft, die sich als religiöser Glaube maskiert, um so die Unabhängigkeit der Gesellschaft von dirigistischer Kontrolle zu schwächen.[105]

Mit erfreulicher Eindeutigkeit erklärt diese Politik, welchem „heiligen Glauben" sie folgt: dem Glauben an „die unsichtbare Hand des Marktes", das Privateigentum und den produktiven Kapitalismus. Der Markt, nicht der Mensch steht im Mittelpunkt, die Funktionsmechanismen des Marktes haben den Vorrang, nicht das Leben des Menschen.

Evangelisierung, Eroberung und Widerstand im Konflikt

Die objektive Gemeinsamkeit zwischen der politischen Zentrale der westlichen Welt und der kirchlichen Zentrale der katholischen Welt trägt wahrscheinlich nicht nur dazu bei, dass die von Reagan finanzierten Contra-Krieger in Nicaragua mit Bildern des Papstes in den Krieg gegen die Sandinisten ziehen können. Sie trägt ebenfalls dazu bei, im Vatikan und in Washington das Fünfhundert-Jahr-Gedächtnis von Eroberung und Widerstand in Lateinamerika 1992 ähnlich zu bewerten.

Als Präsident Bush sr. im Oktober 1991 die offiziellen Feierlichkeiten zum Kolumbus-Jubeljahr eröffnet, gibt er zu erkennen, dass die staatlichen Feiern das Geschichtsbild von der Entdeckung Amerikas konservieren sollen. Durch die europäischen „Entdecker" sei der Fortschritt verbreitet worden. Wie damals hätten heute die USA das gottgegebene Recht und sogar die Pflicht, Freiheit, Demokratie und Marktwirtschaft in der ganzen Welt zu verbreiten. „Ein halbes Jahrtausend lang hat das von Kolumbus entdeckte Land nach immer neuen Horizonten und immer neuen Chancen und Möglichkeiten gesucht", erklärt Bush bei der Unterzeichnung der offiziellen Kolumbus-Proklamation. „Wir feiern Kolumbus' Abenteuerlust und die Geschichte unserer Nation. Sie ist furchtlos und veränderungsbereit, sie fordert das Unbekannte heraus, sie ist dem Segen der Freiheit verpflichtet und den Prinzipien, die alle Amerikaner vereinigen."[106] Kolumbus wird zum Vorbild dafür, dass durch Eigeninitiative und Risikobereitschaft in der schönen neuen Welt des freien Westens jedermann es zu etwas bringen kann.

Für Papst Johannes Paul II. stellen die vergangenen fünfhundert Jahre eine großartige Epoche der Missionierung dar. Bei seinem Besuch in Brasilien im Oktober 1991 sagt er:"

> Auch an die Küsten Amerikas [...] gelangten vor fünfhundert Jahren in aufeinanderfolgenden Gruppen die Boten und Diener der Heilsgnade, Priester aus dem Weltklerus, Franziskaner und Dominikaner [...]

als Vorläufer vieler anderer [...]. Das Wirken dieser Männer trägt heroische Züge, zeigt menschliche Solidarität und zugleich die Glut übernatürlicher Liebe, ansteckenden Glauben und glühenden apostolischen Eifer.[107]

Der Papst erwähnt mit keinem Wort die unheilige Allianz zwischen den Klerikern, den Reichen und den Mächtigen. Der Papst hat keinen Gedanken übrig für die Menschen, die millionenfach dieser Allianz zum Opfer gefallen sind. Der Papst ahnt offenbar die Problematik einer einseitigen Rechtfertigung dessen, was er als Erstevangelisierung bezeichnet, versucht aber die kritische Rückfrage nach der geschichtlichen Verantwortung der Kirche zu umgehen, indem er fordert:

Hier, wo das Werk der Evangelisierung begann und seine erste Entwicklung nahm, wollen wir aber nicht so sehr nach der Vergangenheit fragen, vielmehr die Gegenwart ins Auge fassen. Mehr als uns zu fragen, auf welche Hindernisse die erste Evangelisierung stieß, welche Grenzen und Einseitigkeiten sie aufwies, müssen und können wir uns von der zweiten Evangelisierung rufen lassen, die in unsere Hände gelegt ist.[108]

Historiker sind sich heute weitgehend darin einig, dass mit der Conquista ein Völkermord begann. Im Jahr 1500 – so schätzt man – lebten achtzig Millionen Menschen in Amerika. Hundertfünfzig Jahre später überlebten von diesen achtzig Millionen noch zehn Millionen. „Oder wenn man sich auf Mexiko beschränkt: Am Vorabend der Conquista beträgt die Bevölkerung fünfundzwanzig Millionen; im Jahre 1600 ist es noch eine Million. Wenn das Wort Völkermord jemals wirklich zutreffend verwandt worden ist, dann zweifellos in diesem Fall."[109]

Der objektive Gleichklang der Interessen mit der Macht des Westens hindert die römische Kirchenleitung jedoch daran, selbstkritisch die unheilige Allianz zwischen Thron und Altar bei der Eroberung Amerikas zu prüfen und dann den Weg der „Kirche der Armen" zu beschreiten. Die einigermaßen problemlosen Beziehungen zur führenden Weltmacht verbieten es der Kirchenleitung, die Option für die Opfer der Eroberung zu treffen und aus ihrem Blickwinkel die Beziehungen zwischen der Kirche und der weltlichen Macht in den vergangenen Jahrhunderten kritisch zu reflektieren. Weil sie sich auf eine weitgehende Allianz mit den gegenwärtig Herrschenden eingelassen hat, kann die römische Kirchenleitung die Option für die Opfer dieser Herrschaft nicht treffen und muss zugleich die Wahrheit, dass die Opfer der Conquista von der Kirche mitzuverantworten sind, verdrängen.

In der Tat wird die „ideologisch-kulturelle Auseinandersetzung" in dieser Zeit nicht nur politisch-ökonomisch zugespitzt, sondern auch kulturell. Nicht nur die Armen lehren die Kirche, das Evangelium mit neuem Blick zu lesen; auch die „kulturell Anderen", die indigenen und afroamerikanischen Kulturen, melden sich immer stärker zu Wort, je näher das Gedenkjahr 1992 heranrückt. Sie fordern die vorwiegend abendländisch geprägte Theologie und Kirche heraus. Die Kulturen der Indígena- und afroamerikanischen Völker haben der fünfhundertjährigen Invasion durch das christliche Abendland Widerstand geleistet und treten immer stärker organisiert in Erscheinung. Sie fordern von Kirche und Staat die ihnen zustehenden Rechte: auf ihre eigene Kultur und Sprache, auf ihr eigenes Territorium und ihre Regierungsformen, auf eine eigene Theologie und Kirche.[110] Die kontinentweit organisierten und machtvollen Demonstrationen der UreinwohnerInnen zum 12. Oktober 1992 fordern auch den Papst und die Bischofsversammlung von

Santo Domingo heraus. Die Kampagne „Fünfhundert Jahre Widerstand der Indígenas, der Schwarzen und der unterdrückten Volksgruppen" weist in ihrer Botschaft von Managua (Nicaragua) den Anspruch zurück, eine Vergebung auszusprechen, bevor die Schuld konkret anerkannt worden sei. Ein solches Schuldbekenntnis dürfe sich nicht nur auf die Vergangenheit beziehen, sondern müsse die Gegenwart im Auge haben:

> Nach fünfhundert Jahren sind wir hier präsent! In einer Welt, in der die jahrhundertelange Ausplünderung unseres Reichtums und unserer Arbeit uns in eine unerschöpfliche Kraft der kapitalistischen Akkumulation und der industriellen und technologischen Entwicklung der neuen Herrscher verwandelten. Wir sind erneut die Opfer einer neuen Eroberung, bei der die Religion und der Individualismus die Gewinner sind. Sie spalten die Völker der Erde in solche, die Macht, die Technologie und den Wohlstand in ihren Händen konzentrieren, und solche, die ausgeschlossen und an den Rand gedrängt werden. Wir schleppen auf unserem Rücken die Last einer wachsenden Verschuldung, durch die unser Reichtum sich in Kredite und die Bezahlung von Zinsen verwandelt. Wie früher stammt das Gold aus unseren Adern; unser Schweiß bringt das Erdöl und das Kapital hervor, während die Repression und der Hunger unser Alptraum sind. Die neuen Kreuzritter der neoliberalen Zivilisation erzählen uns heute etwas von Demokratie, Entwicklung, Modernisierung und Produktivität, während in unseren Ländern die Demokratie unerreichbar wird durch die stetig zunehmende Polarisierung zwischen Arm und Reich; die steigende Arbeitslosigkeit, die Unterernährung, den Analphabetismus, den Abbau sozialer und kollektiver Rechte, die Privatisierung von staatlichem und sozialem Besitz, die Krise der Werte und die Vertiefung von Rassismus und Diskriminierung. Die neuen Prediger versuchen arrogant, die unübersehbare Wahrheit zu verbergen: Der Kapitalismus bietet keine Lösungen, um eine Welt in Frieden und sozialer Gerechtigkeit zu garantieren.[111]

Am 12. Oktober 1992 titeln verschiedene Tageszeitungen wie folgt: „Der Papst bittet die Indios um Vergebung für die Schuld der europäischen Eroberer“ (*O Estado de São Paulo*, Brasilien) – „Die Kirche revidiert ihre Taten während der Entdeckung und Eroberung“ (*El Espectador*, Kolumbien) – „Der Papst spricht von den Sünden der Conquista“ (*El Tiempo*, Kolumbien) – „500 Jahre danach geht die Debatte weiter“ (*La Republica*, Argentinien). Die Schlagzeilen aus lateinamerikanischen Zeitungen konzentrieren sich auf diesen Aspekt der Papstansprache vom 11. Oktober 1992 in Santo Domingo. Während der Messe am umstrittenen Leuchtturm für Christoph Kolumbus, der vierzig Millionen Dollar und die Zwangsumsiedlung von Tausenden dominikanischer Familien gekostet haben soll, hatte der Papst gesagt:

> Das Wissen um Schmerz und Unrecht, die so vielen Schwestern und Brüdern zugefügt wurden, soll bei diesem Fünfhundert-Jahr-Gedenken Anlass sein, demütig um Vergebung zu bitten für die Schuld. Es soll Anlass sein, das individuelle, familiäre und gesellschaftliche Leben unter Bedingungen zu stellen, die allen eine ganzheitliche und gerechte Entwicklung ermöglichen, vor allem aber den am meisten Vergessenen und Besitzlosen.[112]

Überraschend deutliche Worte des Papstes am Denkmal zu Ehren des Christoph Kolumbus, dessen Ausmaße – wie die BewohnerInnen von Santo Domingo sagen: nur dem Turm von Babel vergleichbar – einen unerträglichen Skandal für die Völker der UreinwohnerInnen und AfroamerikanerInnen darstellen; diese sind ja die Opfer jener Eroberungsgeschichte, die mit Christoph Kolumbus ihren Anfang nahm.

Der Konflikt bei der Bischofsversammlung in Santo Domingo 1992

Der Papst richtet den zitierten Teil seiner Ansprache ausdrücklich an die vor ihm sitzenden Bischöfe. Damit lässt er vermutlich durchblicken, dass die zur Vierten Generalversammlung in Santo Domingo eingetroffenen lateinamerikanischen Bischöfe das Fünfhundert-Jahr-Gedenken als einen „geeigneten Zeitpunkt" für das Schuldbekenntnis der Kirche begreifen sollten.

Diese nach Rio de Janeiro 1955, Medellín 1968 und Puebla 1979 Vierte Generalversammlung der lateinamerikanischen Bischöfe findet vom 12. bis 28. Oktober 1992 in Santo Domingo statt. Sie macht einmal mehr deutlich, welch konfliktträchtige Frage die Kirche der Armen und ihre Theologie der Befreiung an die Gesamtkirche richtet: Will die katholische Kirche die Kirche des christlichen Abendlandes bleiben oder wird sie sich für die kulturelle Vielfalt Lateinamerikas öffnen lassen, um „Weltkirche" werden zu können?

Die gleiche Frage lässt sich auch politisch formulieren: Will sie die Kirche des reichen Nordens bleiben oder wird sie immer mehr zur armen Kirche im Dienst am Leben der Armen der Welt? Und noch einmal theologisch zugespitzt lautet die Frage, die durch die Kirche der Armen aufgeworfen wird: Wird die Kirche wirklich zur Kirche der heute Gekreuzigten oder bleibt sie die Kirche jener Gesellschaften, die seit fünfhundert Jahren andere Kontinente zu Opfern machen? Das Gedenkjahr 1992 und der aktuelle Globalisierungsprozess rücken also die Frage, die durch die „Kirche der Armen" auf die Tagesordnung gesetzt wurde, noch einmal in ein neues Licht.

Das Gewicht der innerkirchlichen Auseinandersetzung lässt sich nur ermessen an der realen Lage, in der sich die Welt der Armen befindet. Wer sich den Standards der Neuen Weltordnung nicht unterwirft, wird aus dem „Weltmarkt" ausgeschlossen. Die Einheitskultur der westlichen Zivilisation, die sich mit der Warenzirkulation konzentrisch über den ganzen Erdball ausbreitet, duldet neben sich keine anderen kulturellen Ordnungen. Die von ihr diktierte Wirtschaftsordnung bedroht das Leben „der anderen" Menschen, Kulturen und Völker. Sie werden zum „Bevölkerungsüberschuss", zur „Überbevölkerung" erklärt, um die tödliche Bedrohung sprachlich zu verschleiern, die vom Zentrum der Neuen Weltordnung ausgeht. Die kulturelle, ökonomische und politische Lage zwingt alle, die „Kirche der Armen" sein wollen, zur Präzision. Sie definiert ihre Aufgabe neu: Zusammen mit den von der Einheitskultur des Westens und der Weltwirtschaft ausgeschlossenen Menschen, Kulturen und Völkern will sie das Leben verteidigen, den Gott Jesu von Nazaret vom Götzen des Westens unterscheiden und auf diese Weise die Botschaft vom Leben für alle als Gottes Willen künden.

Der Streit um den Bußakt in Santo Domingo

Hier wird der Streit um einen Bußakt der Bischofsversammlung gegenüber den amerindischen und afroamerikanischen Völkern zum Offenbarungseid. Die Debatte hebt das politische Spiel derjenigen ans Licht, die – nach römisch-katholischen Vorgaben – kraft ihres Glaubens an Jesus Christus und in Berufung auf das heilige Evangelium jede Verstrickung in die

Schuld weit von sich weisen, aber kritische Besinnung und Schuldaufarbeitung von jenen verlangen, deren Glauben sie als nicht mehr katholisch und deren Treue zu Rom sie als brüchig bezeichnen.

Der Streit um den Bußakt ist aber zugleich ein Beispiel dafür, wie sensibel jene Teile der Kirche die Eroberungsgeschichte wahrnehmen, die anfangen, Kirche der Armen sein zu wollen. Durch die Bekehrung zu den Opfern wurden ihre Augen geöffnet. Sie begannen, Welt und Kirche, Geschichte und Gegenwart im Licht der Gekreuzigten zu sehen.

In der Vorbereitung auf die Versammlung von Santo Domingo hatte es aus einer Reihe von Bischofskonferenzen des Kontinents Stimmen gegeben, die sagten: Wenn wir das Fünfhundert-Jahr-Gedenken ernst nehmen wollen, dann müssen wir mit aller Deutlichkeit die Sünden der Kirche benennen und dürfen sie nicht verschweigen. Wir dürfen auch nicht nur behaupten, es seien die wilden Conquistadoren gewesen, die vor fünfhundert Jahren plündernd und raubend den Kontinent überfallen hätten. Wir müssen vielmehr bekennen, dass die Kirche selber schuldig geworden ist, und zwar durch eine Ideologie, die den europäischen Menschen zum Maßstab des Christenmenschen machte, und am europäischen Gottesverständnis das Gottesverständnis überhaupt maß, jedes andere Gottesverständnis aber als Götzendienst denunzierte. Das heißt: Im Herzen der Kirche selber gibt es einen Bruch, gibt es eine Sünde, die man auch für die Art des Theologietreibens nüchtern eingestehen muss. Mit diesem Eingeständnis haben wir unsere Vergebungsbitte an die Indígenas und die Afroamerikaner zu richten. Erst dann – nach diesem Sündenbekenntnis – können wir mit ihnen einen neuen Weg gehen.

Die guatemaltekische Bischofskonferenz hatte in ihrem Hirtenbrief zum Fünfhundertjahr-Gedächtnis vom Juni 1992 dafür ein Beispiel gegeben. Die Bischöfe geben zu, dass Menschen der Kirche sich in Irrtümer und Widersprüche verstrickt hatten:

> Sie konnten die irrige Idee von der Überlegenheit der europäischen gegenüber der indigenen Kultur nicht überwinden. Ihr Verständnis von Götzendienst und Hexenkult brachte sie dazu, Tempel und Denkmäler zu zerstören, Riten und Gottesdienste zu unterdrücken, Gesetzesbücher und andere Dokumente zu verbrennen.

Die guatemaltekische Kirche gesteht ein, dass die vergangenen fünfhundert Jahre „ein historischer Prozess voller Widerstandskampf und gesellschaftlicher Opfer waren", aber zugleich eine „Periode der Suche nach Gott, der Hoffnung und der tiefen Sehnsucht nach einer besseren Zukunft".

> [Es waren] Jahrhunderte einer von Klagen, Tränen und dem Blut der indigenen Märtyrer erfüllten Aussaat. Diese schmerzliche Erfahrung wird für uns zur Stimme Gottes, die uns zur Umkehr auffordert, zur Ehrlichkeit, zu Respekt und Liebe gegenüber den indigenen Völkern Guatemalas als den vorzugsweise geliebten Kindern Gottes.

Und die Bischöfe bitten um Vergebung:

> Wir, als die heute verantwortlichen Hirten der Kirche, bitten sie um Vergebung und freuen uns darüber, dass der Geist der Maya-Kultur wieder aufblüht, der immer mehr zu einer kritischen Instanz in der Gesellschaft, in den herrschenden Strukturen, Kulturen, den Lebensformen und sogar im religiösen Leben wird.[113]

In dieser Bußbereitschaft werden die guatemaltekischen von den brasilianischen Bischöfen unterstützt:

> Wir müssen den Mut haben anzuerkennen, dass die Evangelisierung in der kolonialen Vergangenheit eine kulturelle Stütze für den Prozess der Conquista darstellte. [...] Die Buße dem Evangelium entsprechend zu leben macht die Kirche fähig, durch eine systematischere Selbstkritik und durch das Eingeständnis des mangelhaften Zeugnisses der Christen in permanenter Umkehr zu leben.[114]

In diesem Sinne stellt in der ersten Woche der Vierten Generalversammlung, am Samstag, dem 17. Oktober 1992, eine Gruppe von brasilianischen Bischöfen den Antrag, einen öffentlichen Bußakt der Versammlung in der Kathedrale von Santo Domingo zu begehen. Dom Benedito Ulhoa aus Brasilien spricht im Namen von dreiunddreißig Bischöfen (unter ihnen zwölf Erzbischöfe). Er verweist auf die Ansprachen des Papstes, auf die aus den verschiedenen Bischofskonferenzen des Kontinents eingegangenen Texte sowie auf das Arbeitsdokument, erwähnt die Erwartungen so vieler katholischer und christlicher Gemeinden des ganzen Volkes und beantragt, die Konferenz möge eine Bußfeier beschließen. Diese solle öffentlich bezeugen, dass die lateinamerikanische Kirche um Vergebung bitte für die Vergehen, die gegen die Indígenas und die Afroamerikaner in den fünfhundert Jahren der Evangelisierung verübt wurden.

Die Gegenrede hält Erzbischof Di Stefano von San Juán in Argentinien. Er empfiehlt, keinem Schuldkomplex zu verfallen, der den Eifer für die Neu-Evangelisierung mindern könnte:

> Im Hinblick auf den beantragten Bußakt möchte ich zu bedenken geben, dass man das Anliegen umfassend analysieren muss und es nicht auf ein einfaches historisches Datum reduzieren darf, das nur etwas bekannter ist als andere. Mehr historische Fakten wären dabei zu berücksichtigen. Die Epoche vor Kolumbus war durch vielerlei Aus-

drucksformen massiver Grausamkeiten charakterisiert. Anerkannte Forscher stellen drei große Mythen ernsthaft in Frage:

A) Mythos Völkermord:
   1. Sie bestätigen, dass die veröffentlichten Zahlen sehr viel höher sind als die realen.
   2. Sie bestätigen auch, dass die Ursache vieler Todesfälle die neuen Arbeitsbedingungen waren und nicht die Massaker.

B) Mythos Welt der Indígenas: ein Paradies der Unschuld
   1. Die Forscher bestätigen, dass es so nicht war. Sie heben auf eine erschreckende Weise hervor, dass massenweise Menschen ihren Göttern geopfert wurden. [...]

C) Mythos Fünfhundert Jahre Widerstand
   Auch dies ist nicht so. Der Beweis dafür ist, dass sie nach dem Zerfall der spanischen Herrschaft nicht zu ihren früheren Glaubensformen zurückgekehrt sind. Vielmehr hängen sie mit eigenen Formen dem Christentum an. Natürlich rechtfertigt nichts die real verübten Vergehen, aber vergessen wir nicht den politischen und doktrinären Kontext jener Zeiten [...] Wir sollten auch ernsthaft den Wert der Indien-Gesetzgebung in Erwägung ziehen: die starke Beteiligung der Indígenas an heiliger Kunst – niemand schafft Kunst unter Gewaltherrschaft anderer – und die Taufe, durch welche die Kirche die Indígenas anerkannte und sie als Söhne Gottes schützte, die den anderen gleich seien. Die Taufe war also der erste Ausdruck der Verteidigung der Menschenrechte auf dem Kontinent. [...] Ich übersehe nicht den guten Willen vieler Hirten, die um diese Frage [der Vergebungsbitte] besorgt sind, aber mich bekümmert, dass ideologische Sektoren, die dieses Thema am meisten propagieren, sich nicht hervorgetan haben im Respekt vor den Menschenrechten.

Wir können uns in wissenschaftlichen Daten irren, die nicht immer genau überprüfbar waren, wie im Fall Galilei, aber nicht in historischen Daten.[115]

Der amtierende Sitzungspräsident Kardinal López Rodríguez beruft sich auf weitere Bischöfe, die ebenfalls Einwände gegen einen solchen Bußakt erheben, weil man fürchte, dass eine solche Vergebungsbitte gegen die Kirche benutzt werden könnte, denn wer sich entschuldige, klage sich an. Durch die Vergebungsbitte würden „wir selber unsere Vorgänger beschuldigen“[116]. Vor einiger Zeit hatte Kardinal López bereits moniert, es seien „unverbesserliche Marxisten“ am Werk, die sich jetzt, wo „die Weltgeschichte einen anderen Weg genommen hat“, das Mäntelchen vom „Indianerschutz“ umhingen.

Am Abend des gleichen Tages greift Bischof José Dammert Bellido, Bischof der „Indio-Diözese“ von Cajamarca in Peru und Vorsitzender der peruanischen Bischofskonferenz, der während des Konzils zur Gruppe „Kirche der Armen“ gehörte und einer der Erstunterzeichner des Katakombenpaktes war, in die Debatte ein. Er widerspricht den Vorrednern und sagt:

> Seit Beginn der Verkündigung des Evangeliums auf diesem Kontinent wurde nie ein Dialog mit der Indígena-Kultur begonnen, nie hat man versucht, die Mentalität dieser Menschen kennenzulernen. Auch die aus Afrika hierhergebrachten Menschen wurden nicht angehört. Sie wurden getauft, sobald sie vom Schiff kamen, denn man wollte sie unter einem Namen des katholischen Heiligenkalenders registrieren.
>
> Im Laufe der Jahrhunderte hat man nie versucht, in ihre Denkweise einzudringen oder ihre Weltanschauung zu verstehen. Sie wurden als primitiv und barbarisch abgetan, als Menschen, die den Europäern nicht gewachsen sind. Was in der Kirche als Inkulturation bezeichnet wird, ist ein Thema, mit dem wir uns sehr ausführlich beschäftigen müssten. Es handelt sich nicht um ein rein intellektuelles, sondern vielmehr um ein menschliches Problem, das von vielen von uns eine echte Umkehr verlangt, das heißt, die Entscheidung für neue Wege und damit für einen langwierigen Prozess. [...]
>
> Abschließend stelle ich im Namen aller Mitglieder der Kommission 26 den Antrag, dass wir im Schlussdokument mit deutlichen und aus-

sagekräftigen Worten, wie der Heilige Vater es getan hat, die Indígenas und die Afroamerikaner um Vergebung bitten.[117]

Sein Beitrag erhält – wie Konferenzteilnehmer berichten – den stärksten Applaus seit der Eröffnungsrede des Papstes.

Die bewegte Debatte hat nur ein halbherziges Ergebnis: Das Präsidium[118] legt fest, dass aus Zeit- und Kostengründen der Bußgottesdienst nicht in der Kathedrale von Santo Domingo, sondern in der Kapelle des Priesterseminars stattfinden soll, in der die Konferenz jeden Morgen zur Eucharistiefeier zusammenkommt. Damit aber wenigstens eine symbolische Öffentlichkeit präsent sein kann, gestattet man den Journalisten dazuzukommen.

Santo Domingo – Bewährungsprobe der „Kirche der Armen"

Die theologischen und pastoralen Gegensätze zwischen der vatikanischen „Kommission für Lateinamerika" und den Bischöfen der Kirche der Armen bzw. ihren theologischen Beratern werden am Streit um den Bußakt und im Verlauf der Konferenz sichtbar. Aber Macht und Mittel sind zwischen beiden Fraktionen nicht gleich verteilt. Auf eine vereinfachende Formel gebracht, hält die vatikanische „Kommission für Lateinamerika" (CAL) alle Machtpositionen in ihren Händen:

- Sie hatte die personelle Zusammensetzung der Konferenz von Rom aus bestimmt.
- Sie hatte einerseits durch die Personalpolitik des letzten Jahrzehnts die Besetzung der Bischofsstühle in ihrem Sinne vorgenommen, andererseits sich das Recht vorbehalten, die

Delegiertenwahlen der nationalen Bischofskonferenzen für die Versammlung in Santo Domingo durch zusätzliche Ernennungen zu ergänzen.

- Sie hatte der Versammlung die drei Präsidenten vorgesetzt.
- Sie hatte, anders als bei den Konferenzen in Medellín und Puebla, einen zweiten Generalsekretär ernannt, der neben dem von den lateinamerikanischen Bischöfen gewählten Generalsekretär tätig werden sollte.
- Sie hatte der Versammlung die Geschäftsordnung aufgezwungen.
- Sie hatte die Konferenzmethode im Voraus festgelegt und gestattete während der Konferenz nicht, dass sie durch die Versammelten selber diskutiert und bestimmt wurde. Sie lehnte es ab, die für die Kirche Lateinamerikas charakteristische theologische Methode „Sehen – Urteilen – Handeln“ als Grundstruktur des Schlussdokumentes zu übernehmen.

In Santo Domingo geht es der vatikanischen Fraktion eindeutig darum, den Kurs der lateinamerikanischen Kirche nach den Konferenzen von Medellín (1968) und Puebla (1979) zu korrigieren. Ihre theoretische Grundlage ist eine fundamentalistische Theologie mit abendländischer Provenienz, sie sucht die geschichtliche Mitverantwortung der Kirche für die aktuelle Lage Lateinamerikas zu vertuschen und verfolgt eine Neu-Evangelisierung, die immer noch von Proselytenmacherei bestimmt und nicht fähig ist, die Kulturen der amerindischen und afroamerikanischen Völker Lateinamerikas zu respektieren.

Trotz der heftigen Auseinandersetzung mit solcherart römischem Fundamentalismus und seiner kirchlichen Machtposition gelingt es der lateinamerikanischen Kirche der Armen und ihrer Theologie, ihre Identität zu verteidigen, ohne die Verbindung zur Weltkirche aufs Spiel zu setzen. Achtzehn Bischöfe aus zwölf Ländern werten die Geschehnisse von Santo Domingo am Ende mit folgenden Worten aus:

> Wir sind wirklich desillusioniert angesichts der Manipulation und der gezielten Absicht, mit dem Vorbereitungsprozess zu brechen und die Mitbestimmung der Teilnehmer zu verhindern. Eine Kirche, die sich so verschließt, verursacht große Schmerzen. Hoffnung aber gab es, gibt es und wird es geben, wenn wir selber reden; das gehört zu unserer Art, Kirche zu sein. Identität und lateinamerikanisches Bewusstsein sind in dem Maße gewachsen, indem man sich dem Konflikt mit der vatikanischen Kommission für Lateinamerika (CAL) stellte. Trotz aller Einschränkungen und der Ausgrenzung von Beiträgen aus den Kommissionen enthält das Schlussdokument gute und wegweisende Teile. Obwohl dessen theologisches Kapitel schließlich nur sehr begrenzte Bedeutung hat, ist die beste Theologie und Christologie im Kapitel „Förderung menschlicher Entwicklung" zu finden.[119]

Die Bischöfe beschreiben in wünschenswerter Deutlichkeit die Bewährungsprobe der Identität, nennen den Konfliktgegner beim Namen und lassen keinen Zweifel an ihrer eigenen Theologie aufkommen, weil sie in täglicher Tuchfühlung mit den indigenen und afroamerikanischen Kulturen leben und schmerzlich die wachsende Verelendung ihrer Völker spüren. Zusammen mit ihren Beratern schreiben die Bischöfe die folgenden fundamentalen Erkenntnisse der Theologie der Befreiung in das Schlussdokument von Santo Domingo hinein:

Die Option für die Armen: „Wir übernehmen mit neuem Elan die dem Evangelium entsprechende vorrangige Option für die Armen in Fortsetzung von Medellín und Puebla." (Abschnitt Nr. 296)

Die Förderung des Menschen (d. h. seine Befreiung) gilt als privilegierte Dimension der Neuen Evangelisierung (Abschnitte 157–163).

Die Rolle der Frauen muss in Kirche und Gesellschaft aktiv gestärkt werden (Abschnitte 104–110).

Die neuen Zeichen der Zeit: Menschenrechte, Ökologie, Landbesitz, Solidarität, Wanderungsbewegungen, demokratische Ordnung, neue Wirtschaftsordnung, Integration Lateinamerikas (Abschnitte 164–209) – all diese Stichworte deuten ein Programm an, das in seinem befreienden Charakter weit über Medellín und Puebla hinausweist.

Einheit und Vielfalt der indigenen, afroamerikanischen und mestizischen Kulturen: Der multiethnische und multikulturelle Charakter des Kontinents und der Karibik wird anerkannt und eine Inkulturation der Kirche gefordert (Abschnitte 243–251). Auch davon hatten Medellín und Puebla kaum gesprochen.

Die erwähnten Abschnitte des Dokuments von Santo Domingo bestätigen den Weg der lateinamerikanischen Kirche der Armen und ihrer Theologie der Befreiung, den sie in den bis dahin dreißig Jahren zurückgelegt hatte. Deren Spannungen zu anderen Abschnitten des Dokumentes sind offenkundig. Dadurch werden zumindest die Konfliktlinien aktenkundig, die sich für das folgende Jahrzehnt abzeichnen:

a) Die Durchführung der Vierten Lateinamerikanischen Bischofsversammlung von Santo Domingo und ihr Dokument beweisen, dass Kurie und „Kommission für Lateinamerika" (CAL) das Zweite Vatikanische Konzil regressiv interpretieren, auch wenn sie es theoretisch als Reform in der Kontinuität kirchlicher Tradition akzeptieren. Sie hängen eindeutig dem konstantinischen Modell der Kirche an, das auf die Allianz mit der politischen Macht baut, um die Gesellschaft zu christianisieren, und das die Armen als Betreuungsobjekte betrachtet. Solange die vatikanischen Instanzen diesem Modell folgen, zeigen sie, dass sie die Herausforderung des Konzils zu einer dienenden und armen Kirche nicht begriffen haben, nämlich dass nur eine Kirche, die – wie Jesus von Nazaret – frei ist von den politischen Mächten, befreiend wirken kann zugunsten derer, die diesen Mächten ausgeliefert sind. So lange müssen sie auch die Hauptthese des Katakombenpaktes ablehnen, dass der befreiende Gott die Partei der Armen ergriffen hat und sie ermutigen will, den Weg aus der Sklaverei selber zu gehen, also Subjekte ihrer Befreiungsgeschichte zu sein. Dagegen machen sich die Kirche der Armen und ihre Theologie der Befreiung in Medellín und Puebla eine schöpferische Wiederaufnahme des Zweiten Vatikanums zu eigen. Sie werden weiterhin die Konzilsdokumente im Licht des Katakombenpaktes deuten und aus dieser Perspektive die politischen, kulturellen und theologischen Hindernisse aufspüren, die es der Kirche insgesamt so schwer machen, in der tödlich gespaltenen Welt des Nord-Süd-Konfliktes der Befreiung der Armen unzweideutig zu dienen.

b) Es stimmt, dass eine Kirche sich nicht katholisch nennen kann, die nicht in der Einheit mit Rom steht; aber umgekehrt ist ebenso wahr, dass eine Kirche sich nicht katholisch nennen kann, die sich nur als Filiale Roms versteht, aber nicht an Ort und Stelle Kirche geworden ist. Uniformismus und Autarkismus widersprechen gleichermaßen der katholischen Tradition. In Santo Domingo wird offenkundig, dass vatikanische Instanzen der Häresie des Uniformismus verfallen: Sie sind nicht fähig anzuerkennen, wie Glaube, Hoffnung und Liebe in der lateinamerikanischen Realität vom dortigen Volk Gottes gelebt werden. Die vatikanischen Instanzen misstrauen all jenen Männern und Frauen, welche die Bibel selber in die Hand nehmen und lesen, um aus ihr die Kraft zum Kampf fürs Überleben zu empfangen; sie suchen zu verhindern, dass Ordensleute sich ganz auf die Herausforderungen der wachsenden Verelendung auf dem Kontinent einlassen und von dort die befreiende Botschaft zu buchstabieren suchen. Sie misstrauen den Bischöfen, die, dem Beispiel des guten Hirten folgend, ihre Leute kennen und ihr Leben zu verteidigen sich entschlossen haben – auch auf Kosten des eigenen Lebens. Sie misstrauen den Theologen und Theologinnen, die ihr Engagement an der Seite des armen, ums Überleben kämpfenden Volkes und an der Seite der kulturell Anderen zum Ausgangspunkt ihres Theologietreibens machen.

Dagegen wird die Kirche der Armen in Lateinamerika und der Karibik ihre eigenständige Entwicklung mit Hilfe der Theologie der Befreiung reflektierend begleiten. Die Zeichen der Zeit bringen sie dazu, Gute Nachricht zu werden für alle, die in schlechten Verhältnissen stecken; und dies führt umgekehrt dazu, die schlechten Verhältnisse Lateinamerikas und der Karibik wiederum genauer zu erfassen und die Hoffnung auf das Reich Gottes, auf jene Welt, in der alle Platz haben, in einfachen Schritten praktisch werden zu lassen. Aus solcher Erfahrung hatte sich die „geistvolle" Dynamik der Ortskirche entwickelt. Sie kann durch die Verstümmelung von Texten nicht rückgängig gemacht werden.

c) Die vatikanischen Instanzen reden zwar davon, dass „Samenkörner des Wortes“ in den afroamerikanischen und indigenen Völkern leben. Aber sie geben hinreichend deutlich zu verstehen, wie ethnozentrisch verkürzt sie diese Formel interpretieren. Sie bestreiten die theologische Bedeutung der „anderen Kulturen“. Um es noch schärfer zu formulieren: Der Vatikan scheint nicht gewillt, den theologischen Kolonialismus des christlichen Abendlandes aufzugeben. Dagegen wird die Kirche der Armen die von der herrschenden Kultur ausgegrenzten Völker und Kulturen aktiv dabei begleiten, sich zu erheben, ihr Selbstbewusstsein wiederzugewinnen und ihre Würde als historische Subjekte zu reklamieren. Sie wird dies tun, indem sie die Theologie der indigenen und afroamerikanischen Völker zu verstehen sucht und ihr Mitspracherecht im theologischen Diskurs verschafft. Ein solcher Dialogprozess – so schwierig und schmerzlich er sein mag – wird die Kirche aus ihrer dogmatischen Fixierung lösen. Statt das Evangelium durch die abendländische Tradition zu verdecken, wird sie es in der Pluralität der Kulturen neu entdecken.

d) Doch der schwerstwiegende Konflikt, der wie in einem Brennpunkt die eben erwähnten drei Konfliktlinien zusammenführt, zeigt sich in der Frage des Martyriums: Im Dokument von Santo Domingo werden die Frauen und Männer nicht einmal erwähnt, die in vielen Gemeinden als Märtyrer gelten. Der Vatikan und seine Kreise in Lateinamerika weigern sich, das Martyrium der Kirche der Armen zwischen Medellín und Santo Domingo anzuerkennen. In dieser Weigerung enthüllen sie zugleich, dass sie aus dem Blick verloren haben, aus welchem Ursprung die Kirche hervorgeht. Die Frauen und Männer, deren Einsatz zugunsten des Lebens gewaltsam beendet wurde, sind gestorben, wie der arme Zimmermannssohn aus Nazaret als Märtyrer gestorben ist; wie er haben sie dem Gott des Lebens geglaubt, der Barmherzigkeit will und nicht Opfer; wie er haben sie das Leben der Armen durch Taten der Gerechtigkeit und Barmherzigkeit verteidigt; weil sie wie er den Götzen widersprachen, die mit dem Tod Geschäfte machen, wurden sie mit dem Tod bestraft, aber nicht zum Schweigen gebracht. Sie entlarven die strukturelle Gewalt, der Menschen stets geopfert werden.

Ihr Beispiel wird als „gefährliches Gedächtnis" in der Kirche der Armen bewahrt. Jetzt mit Papst Franziskus schweigt auch der Vatikan nicht mehr darüber. Das ist ein qualitativer Sprung, der nicht zu unterschätzen ist. Oscar Romero, Carlos Mugica, Enrique Angelelli, Hélder Câmara – sie alle werden mit ihren Lebensbeispielen zu Vorbildern der Kirche der Armen, zu Quellen des Geistes und der Kraft, den Götzen des Todes zu widersagen und den Gott des Lebens zu suchen, wo Menschen einander das Leben geben.

Der historischen Vision, welche die Institution Kirche in den Mittelpunkt des Denkens rückt, steht die andere gegenüber, welche sich die Option für die Gekreuzigten der Geschichte zu eigen gemacht hat und deshalb die kleinen Leute als handelndes Subjekt in den Mittelpunkt ihres Denkens rückt.

Mit anderen Worten: Der Hauptkonflikt besteht in der Akzeptanz oder Ablehnung des Modells einer konstantinischen Christenheit.[120] Der Zusammenprall zwischen diesen beiden Perspektiven war sowohl kirchlich als auch politisch vielleicht der bedeutsamste Konflikt im Katholizismus des 20. Jahrhunderts.

So gesehen ist die Welt, die sich am besten eignet, die Wahrheit zu erfassen und Manipulation zu vermeiden, die Welt der Armen. [... Die gekreuzigten Völker] sind der beste Garant dafür, dass aus der Theologie keine Ideologie wird. Auf dieser Wahrheit gilt es zu beharren, auch wenn des Öfteren das Gegenteil behauptet wird: Wenn die Theologie die Armen ernst nimmt, wirft man ihr vor, einer Ideologie zu erliegen, und wenn sie sie ignoriert, wird ihr wahrhaftiges theologisches Denken attestiert. [... Theologie aber] ist ein Denken, das im Mit-Leiden mit den Opfern geschieht und eine gute Nachricht für diejenigen wird, die unter den Übeln der Wirklichkeit leiden.[121]

Die Totgesagten stehen auf

Für die zu den Armen bekehrte Kirche und ihre Theologie der Befreiung zählen die Armen nicht nur, weil sie Opfer des herrschenden Systems sind und weil ihnen nahezu alles Lebensnotwendige fehlt. Die Armen sind nicht allein die Bedürftigen; sie sind auch die Widerstandsfähigen, die ihre eigene Geschichte gegen die Herrschaftsgeschichte der kolonialen, westlich-abendländischen Epoche leben. Sie haben ihre Kultur mit deren vielfältigen Ausdrucksformen, Geschichten und Mythen lebendig erhalten und in ihrer Erinnerung bewahrt. Im Kontext des Fünfhundertjahrgedenkens schweigen die Opfer der herrschenden Verhältnisse immer weniger. Die Opfer selber erheben immer stärker ihre Stimme:

Wir werden Zeugen, wie die einst blinden Indios heute mit neuem Bewusstsein die Wirklichkeit und den Schatz ihrer Kultur sehen, wie die einst stummen Indios heute reden und ihre Anliegen vorbringen, wie die einst lahmen Indios heute gehen gelernt und sich im letzten Indio-Aufstand Respekt verschafft haben, wie die in der Geschichte Totgesagten auferstehen.[122]

Im Laufe der Neunzigerjahre des vergangenen Jahrhunderts verschaffen sich an verschiedenen Orten des lateinamerikanischen Kontinents die Opfer Zutritt zur Geschichte, obwohl andernorts „Das Ende der Geschichte" proklamiert worden war. Ein Exempel für die vielen in der Geschichte Totgesagten, die auferstehen, setzt die Zapatistenbewegung im Süden Mexikos. An ihren Aufstand sei hier erinnert, weil einer der Bischöfe des Katakombenpaktes – Don Samuel Ruiz García, Bischof von Chiapas – in diesem Prozess eine wichtige Rolle gespielt hat.

San Cristóbal de Las Casas, 21. Februar 1994: „Ich spreche im Namen des Geheimen Revolutionsrates der Indígenas", sagt Marcos als dessen Subkommandant zur Eröffnung der Friedensverhandlungen mit der mexikanischen Zentralregierung, „und erkläre: Uns zu entschuldigen oder zu betteln kommen wir nicht. Almosen nehmen wir nicht an und auch keine Brosamen, die von den Tischen der Mächtigen fallen. Wir wollen Recht und Gesetz für alle: Freiheit, Gerechtigkeit und Demokratie. Nichts für uns selbst, sondern alles für alle." Aufrecht und selbstbewusst legen die Delegierten, 15 Frauen und Männer, in der Kathedrale von San Cristóbal ihre 34 Forderungen an die Regierung vor.

Die bewaffnete Rebellion der Zapatistischen Armee der Nationalen Befreiung (EZLN) – am 1. Januar 1994 begonnen – ist der erste organisierte Revolutionsversuch nach dem Ende des Kalten Krieges auf Weltebene. „Basta", rufen die Zapatisten angesichts von Unterdrückung und Armut in einem System, das den Markt totalisiert, das nur denen Würde zuerkennt, die sich auf dem Markt behaupten können, und damit zwei Drittel der Menschheit zu Überflüssigen macht. Nach dem Zusammenbruch des historischen Sozialismus steht die zapatistische Bewegung auf, um Forderungen zu erheben, welche die Moderne nur bestimmten Bevölkerungskreisen zugestand: Leben in Freiheit für alle, soziale Gerechtigkeit und Demokratie, die diesen Namen verdient.

Die zapatistische Bewegung hält der Moderne den Spiegel vor, indem sie zu praktizieren fordert, was die Moderne von Beginn an für sich reklamiert hat: den Kampf gegen kapitalistische Unterdrückung und Ausbeutung in feudalen Restbeständen auf dem Lande; die Demokratisierung unter Rückgriff auf ursprüngliche Forderungen der liberalen Tradition; die Gleichberechtigungsfrage zwischen Männern und Frauen mit Verweis auf die gleichen Rechte der Frau auf dem Lande; die nationale Eigenständigkeit im Zusammenhang der Gegnerschaft zum Freihandelsabkommen mit Kanada und den USA.

Zugleich demonstriert sie, was sie mit Bewegungen andernorts in Lateinamerika gemeinsam hat: die Verwerfung einer Einheitspartei als Führungskraft der Veränderung („Avantgardismus"); die Erwartungen an eine starke Zivilgesellschaft, in der sich Gruppen mit unterschiedlichen Aufgaben und pluralen Organisationsformen gegenseitig den Rücken stärken (z. B. Umwelt-, Jugend-, Arbeiter-, Frauen-, Indígena-Gruppen); die Wiedererrichtung einer Demokratie, die von politischem Pluralismus, Mitbestimmung in allen Bereichen und regelmäßigen, „sauberen" Wahlen charakterisiert ist.

Vor allem jedoch sollen die Indígena-Traditionen in der neuen Demokratie Platz haben. Bei den Verhandlungen in der Kathedrale von San Cristóbal de Las Casas begründet einer der Delegierten des Geheimen Revolutionsrates der Indígena:

> Die Autonomie ist ein zentrales Anliegen, weil wir Indígenas von den Machthabern niemals ernst genommen wurden. Stets wurden wir an den Rand gedrängt. Deshalb hat man unseren Forderungen nie entsprochen. Wir fordern also eine wirkliche Mitbestimmung auf allen Ebenen, damit die Demokratie nicht nur ein leeres Wort bleibt.

Sie verlangen einen repräsentativen Rat der multiethnischen Regionen, ein indigenes Regierungsgremium und kommunale Indígena-Räte.

Regierungsformen seien nicht zu trennen vom Landbesitz, von der traditionellen Medizin, von Kunst und kommunitären Strukturen der Indígena-Tradition. Deshalb müssen die Kommunen mit mehrheitlich indigener Bevölkerung politisch und ethnisch plural vertreten werden; der bisher allein regierende Bürgermeister sei durch Räte zu ersetzen, die alle verschiedenen Gruppen wirklich repräsentieren.

Die zapatistische Bewegung artikuliert auf überraschend neue und originelle Weise die alten Traditionen unterschiedlicher Denkströmungen. Ihre Spiritualität nährt sich aus den Wurzeln ihres Campesino-Lebens, aus den Traditionen der Bibel, aus dem Popol Vuh der Maya, aus dem Chilam Balam der Chumayel. Sie verbindet Forderungen der Moderne mit den eigenen Indígena-Traditionen und sucht den Anschluss an das gesellschaftliche Denken von Volksbewegungen, die überall auf dem Subkontinent anzutreffen sind.

In diesem Kontext enthält der Aufstand von Chiapas auch eine Botschaft für ganz Lateinamerika und für die Welt. Der nackte Kapitalismus – als „Neoliberalismus" bezeichnet – braucht die Dritte Welt zwar weiterhin, ihre Rohstoffe sowie ihre Meere, ihre Luft, ihre Natur – und sei es nur als Müllhalde für giftige Abfälle –, aber ihre Bevölkerung nicht mehr. Er erzeugt durch seine weltweite Propaganda, für alle Probleme die einzige Lösung anzubieten, eine Resignation unter seinen Opfern, die nur Unterwerfung oder kollektiven Selbstmord zu gestatten scheint. Die zapatistische Bewegung dagegen verbreitet die Botschaft, dass andere Mittel und Wege als die Ellbogengesellschaft der Sieger, als Fatalismus und Desorganisation, als private und individuelle Fluchtmöglichkeiten offenstehen. Die Rebellion in Chiapas verstärkt Widerstandsformen auf dem ganzen Kontinent, durch welche die Bevölkerung ihr Überleben zu sichern trachtet. Darin gewinnt der Aufstand kontinentale Bedeutung. „Ihr kritisiert, dass wir unsere Gesichter verbergen?“, fragt Subcomandante Marcos die Journalisten in der Kathedrale.

> Wir tun es nur, weil wir uns schützen müssen und jeden Führerkult verhindern wollen. Was aber ist euch an unseren Gesichtern so wichtig? Vor dem 1. Januar habt ihr euch doch auch nicht für die Gesichter von Ramona, Felipe, David, Eduardo oder Anna Maria interessiert. Vor dem 1. Januar existierte niemand von ihnen für das Land. Aber wenn ihr wissen wollt, welches Antlitz sich hinter der Wollmütze mit Gesichtsmaske verbirgt, dann blickt einfach in den Spiegel und schaut genau hin.

Der Aufstand breitet sich aus

Am Aufstand der Zapatisten in Mexiko beteiligen sich auch viele Christen und Christinnen. Insbesondere Katecheten und Katechetinnen in der von Samuel Ruiz geleiteten Diözese San Cristóbal de Las Casas. Die katechetische Ausbildung hatte dazu verholfen, die eigene Würde wiederzuentdecken, und offenbar für das Zustandekommen des Aufstandes eine so wichtige Rolle gespielt, dass einige behaupten, der „rote Bischof", die Gruppen der Katechetinnen und Katecheten sowie die Theologie der Befreiung seien für die Rebellion verantwortlich. Zwar ist die Anschuldigung verfehlt, aber implizit gesteht man damit zugleich ein, dass durch die Verbindung von befreiendem Evangelium und erwachendem Selbstbewusstsein das rebellische Potenzial der indigenen Bevölkerung geweckt werden kann.

Ähnlich wie in Mexiko ist die Situation in Ecuador. Dort übernehmen die indigenen Volksgruppen, geführt von der CONAIE (dem Verband der indigenen Nationalitäten Ecuadors) in den Neunzigerjahren eine wichtige Rolle auf dem Lande. Viele Persönlichkeiten dieses Verbandes kommen aus der Diözese Riobamba, in der Bischof Leonidas Proaño eine von der Befreiungstheologie inspirierte befreiende Bildung für die indigenen Völker entwickelt hatte. Auch er – wie Samuel Ruiz – ein Mitglied der Gruppe „Kirche der Armen" während des Zweiten Vatikanischen Konzils.

Überall inspirieren die indigenen Bewegungen eine „indianisch-christliche" Theologie, die mancherlei Verwandtschaft mit der Theologie der Befreiung aufweist. Die Kirche der Armen und ihre Theologie der Befreiung arbeiten an einer politischen Kultur mit, in der sich solche Kräfte entwickeln. Soziale Bewegungen wie die der Indígenas, der Landlosen oder der BewohnerInnen von Elendsvierteln in den großen Städten haben inzwischen die politische Landschaft in Bolivien und Ecuador, in Venezuela und Brasilien, in Argentinien, Paraguay und Chile verändert. Die Kirche der Armen unterstützt die Hoffnung dieser Bewegungen, indem sie nicht selbst eine Führungsrolle übernimmt, sondern dem unterdrückten Volk und dessen Organisationen die Führungsrolle überlässt. Die Kirche der Armen wird die alternative Bewegung des einfachen Volkes stärken, indem sie es durch Bildungsarbeit aufklärt, es zu selbstständigem Denken und Entscheiden befähigt und mobilisiert.

Die Voraussetzung dafür ist, dass die Kirche auch im eigenen Innenraum die Führungsrolle des einfachen Volkes voranbringt und die solidarischen, selbstverwalteten christlichen Gemeinschaften – deren Vorbild die Urgemeinde ist – zu prophetisch-wirksamen Zeichen dafür macht, dass eine neue Gesellschaft möglich ist.

IV. Überraschung in Aparecida: Auftakt einer pontifikalen Konversion zur armen Kirche?

Nach 1992 rechnet niemand mehr damit, dass der Weg der Kirche der Armen noch einmal über eine Generalversammlung des Episkopats von Lateinamerika und der Karibik führen werde. Nachdem Papst Johannes Paul II. bei der Eröffnungsansprache zur Vierten Generalversammlung in Santo Domingo seine Absicht bekanntgegeben hat, eine Kontinentalsynode für die Kirche von Gesamt-Amerika einzuberufen, scheint die Geschichte der Generalversammlungen des Episkopats von Lateinamerika und der Karibik besiegelt. Römische „Kontinentalsynoden", die nur beratende Funktion für den Papst haben, sollen die Zukunft der Weltkirche bestimmen, die in Lateinamerika entstandene Tradition der „Generalversammlungen" mit ihrer relativen Autonomie soll aufgegeben werden. Dieser Eindruck bestätigt sich während der Amerika-Synode 1997 in Rom unter der Losung „Ein einziges Amerika, eine einzige Kirche".

Doch die nahezu resignative Haltung der lateinamerikanischen Gremien wird im Jahr 2001 durchbrochen. Im Lateinamerikanischen Bischofsrat (CELAM) taucht der Vorschlag auf, das fünfzigjährige Bestehen des CELAM im Jahr 2005 zu nutzen, um eine weitere Generalversammlung einzuberufen. Sie könnte dazu dienen, den bisherigen Weg der lateinamerikanischen Kirche zu überdenken und die neuen Herausforderungen für die Kirche des Kontinents zu formulieren. Schnell gewinnt der Vorschlag im CELAM Zustimmung, sodass man ihn zu einem formellen Plan weiter entwickelt. Schließlich wird in Übereinstimmung mit Papst Benedikt XVI. beschlossen, zu einer Fünften Generalversammlung im brasilianischen Wallfahrtsort Aparecida einzuladen.

In weiten Teilen der Kirche Lateinamerikas dagegen herrschen Skepsis und Gleichgültigkeit gegenüber der Idee des CELAM vor. „Soll Aparecida das Ende des römischen Uniformitätsdenkens einläuten oder es nur noch einmal bekräftigen?" lautet eine häufig geäußerte Befürchtung. Die vatikanische Bürokratie halte doch daran fest, von Rom aus den Glauben verwalten zu können. Daher sei von Rom nichts Gutes zu erwarten. Der neue Erzbischof von São Paulo, Odilo Scherer – lange Jahre an der römischen Kurie tätig –, behauptet außerdem, die Befreiungstheologie sei bereits tot; bei der Bischofsversammlung in Aparecida würde ihr nur noch der Totenschein ausgestellt. Schließlich maßregelt der Vatikan – wie zur Bestätigung – auch noch den salvadorianischen Befreiungstheologen Jon Sobrino. Hatte nicht der Kurienkardinal Alfonso López Trujillo bereits vor einer Reihe von Monaten verlauten lassen: „Vor Aparecida soll kein Befreiungstheologe übrigbleiben!"? Im März 2007 – zwei Monate vor Beginn der Generalversammlung und vor dem Besuch des Ratzinger-Papstes in Brasilien – wird die Ankündigung des Kardinals umgesetzt. Wieder einmal ist López Trujillo einer der Haupttreiber dieser Jagd. Er hatte ja bereits vor Puebla in seiner Eigenschaft als Generalsekretär des CELAM alles unternommen, um die Theologie der Befreiung zu denunzieren, war aber durch die anwesenden Bischöfe ausgebremst worden. Sollte nun vorher die Flur bereinigt und ein Exempel an einem Befreiungstheologen von Weltruf statuiert werden?

Exkurs: Der Konflikt um den Theologen Jon Sobrino

Bereits im Januar 1984 hatte der damalige Präfekt der Glaubenskongregation, Kardinal Ratzinger, in einem durch drei Zeitschriften (*Oiga*, Peru, *30 Giorni*, Italien und *Il Regno*, Italien) nahezu gleichzeitig veröffentlichten Manuskript vier Befreiungstheologen ins Visier seiner Kritik genommen: Hugo Assmann, Gustavo Gutiérrez, Ignacio Ellacuría und Jon Sobrino. Inzwischen hatte Hugo Assmann sich anderen Studienfeldern zugewandt, Gustavo Gutiérrez war unter das schützende Dach des Dominikanerordens geflohen, Ignacio Ellacuría war umgebracht worden. Blieb noch Jon Sobrino. Der 68-jährige Jesuitentheologe, die Stimme der Armgehaltenen in der Theologie, hatte im November 1989 das Massaker der salvadorianischen Todesschwadronen überlebt, bei dem neben Ignacio Ellacuría fünf weitere seiner Gefährten und Freunde sowie die Haushälterin und deren Tochter umgebracht worden waren. Er hatte nur überlebt, weil er sich außerhalb des Landes befand.

Richtet sich also das Verfahren weniger gegen Jon Sobrino persönlich als vielmehr gegen die Kirche der Armen und ihre Theologie der Befreiung insgesamt? Steckt dahinter die Furcht, sie könnten neuen Aufwind durch die damals gerade ins Amt gelangten linken Regierungen Lateinamerikas erhalten? Ist also das Verfahren ein Warnschuss für die delegierten Bischöfe, sich nur von „genehmen" Theologen begleiten zu lassen?

Im Schreiben der römischen Glaubenskongregation – „notificatio" genannt – wird verurteilt, was Jon Sobrino über Jesus

Christus sagt. Sobrino vertritt die These: Es gehe darum, den Gott der Armen und der Opfer zu verkünden. Das hänge nicht allein an der rechten Lehre, sondern sei eine Sache von Überzeugung und Freimut. Das gelte ebenso für die Rede von Jesus, dem Mann aus Nazaret, der umherging und Gutes tat und ans Kreuz gehängt wurde. So offenbare er sich uns als Gottes Sohn. Diesen Jesus als den größeren Bruder vorzustellen, statt ihn mit kindischen oder feierlichen Riten zu bagatellisieren, verlange eben Courage. Das römische Schreiben behauptet nun, Sobrino weise „in einigen Punkten erhebliche Diskrepanzen mit dem Glauben der Kirche" auf. Bestimmte Thesen stünden nicht im Einklang mit der Lehre der Kirche. Aufgezählt werden dann „1. die methodologischen Voraussetzungen; 2. die Göttlichkeit Jesu Christi; 3. die Inkarnation des Sohnes Gottes: 4. die Beziehung zwischen Jesus Christus und dem Reich Gottes; 5. das Selbstbewusstsein Jesu Christi; 6. der erlösende Wert seines Todes".

Das Hauptproblem jedoch wird offenkundig, wenn man den Text der „Erklärenden Note" hinzuzieht, der zusammen mit der *notificatio* am 14. März 2007 veröffentlicht wird. Darin heißt es gleich zu Anfang: Die Glaubenskongregation „... will dem Glauben des Volkes Gottes einen Dienst erweisen, insbesondere seinen ganz schlichten und armen Mitgliedern. Die Sorge für die ganz einfachen und armen Menschen charakterisiert die Sendung der Kirche von Anfang an." Hinsichtlich des Faktums der Sorge gibt es also keine grundsätzliche Differenz zwischen ihr und Jon Sobrino, unterstreicht die Glaubenskongregation. Das Hauptproblem verbirgt sich im Verständnis dessen, was die „Sorge für die ganz einfachen und armen Menschen" konkret meint. Die Glaubenskongregation erklärt, dass für sie „die wichtigste Armut der Armen darin besteht, Christus nicht zu kennen". Deswegen mache es die erste und hauptsächliche Sendung der Kirche hinsichtlich der Armen aus, ihnen den göttlichen Plan mitzuteilen: „[...] durch den gewaltsamen Tod des ‚Knechtes, des Gerechten' Heil zu schaffen ..." (*notificatio*, Nr. 10)

Die Glaubenskongregation legt dem Jesuiten Jon Sobrino schließlich die von ihr verfertigte „notificatio" vor und fordert ihn auf, diesen Text entgegenzunehmen und gegenzuzeichnen. Jon Sobrino weigert sich zu unterzeichnen und schreibt dem Generaloberen des Jesuitenordens einen Brief, in dem er begründet, warum er die verlangte Unterschrift verweigert. Dieser Brief dokumentiert auf eindrucksvolle Weise, wie einerseits über Jahre hin der Konflikt mit der Kirche der Armen und der Theologie der Befreiung bis ins Jahr 2007 fortgesetzt wird und wie viel innere Kraft andererseits dazu gehört, solche Konflikte zu bestehen. Deshalb einige Auszüge aus dem Brief Sobrinos, der Ende des Jahres 2006 geschrieben wurde. Die ungekürzte deutsche Übersetzung des Briefes findet sich auf der Internetseite des Instituts für „Theologie und Politik" Münster (http://www.itpol.de/?p=142)

„In dieser Deutung erkenne ich meine Theologie nicht wieder"[123]

Auszüge aus dem Brief Jon Sobrinos an den Generaloberen des Jesuitenordens

Seit 1975 habe ich der Kongregation für das katholische Bildungswesen unter der Leitung des Kardinals Garrone, und seit 1976 der Glaubenskongregation, zuerst unter der Leitung von Kardinal Šeper und dann verschiedene Male unter der Leitung von Kardinal Ratzinger, Rede und Antwort stehen müssen. Heute möchte ich hinzufügen, dass ich von diesen Kongregationen, insbesondere von der Glaubenskongregation, nicht nur übel ermahnt und bezichtigt wurde, sondern dass schon früh im Vatikan, in verschiedenen Diözesankurien und bei einer Reihe von Bischöfen ein Klima geschaffen wurde, das sich gegen meine Theologie und gegen die Befreiungstheologie im Allgemeinen richtete. Man hat meine Theologie verunglimpft, vielfach ohne es überhaupt für notwendig gehalten zu haben, meine Schriften zu lesen. Und das über dreißig lange Jahre. Ich will nur einige besonders signifikante Fakten erwähnen. [...]

Kurz nach seiner Ernennung zum Kardinal sagte Alfonso Lopez Trujillo mehr oder weniger öffentlich in einer Gruppe, er werde mit Gustavo Gutiérrez, Leonardo Boff, Ronaldo Muñoz und Jon Sobrino ein Ende machen. Das wurde mir erzählt, und es scheint mir sehr wahrscheinlich. Die Geschichten von López Trujillo mit P. Ellacuría, vor allem mit Monseñor Romero und mir sind endlos. Sie ziehen sich bis heute hin. Und haben schon früh begonnen. Ich glaube, 1976 oder 1977 sprach er in einer Versammlung der Bischofskonferenz von El Salvador gegen die Theologie von Ellacuría und von mir. Zu dieser Versammlung hatte er sich selbst eingeladen. In einem späteren Brief an Ellacuría leugnete er kategorisch, über ihn und mich in der besagten Konferenz gesprochen zu haben. Aber wir hatten eine Zeugenaussage aus erster Hand, nämlich die von Bischof Rivera, der an dieser Versammlung der Bischofskonferenz teilgenommen hatte.

In diesen Jahren wurden viele Theologinnen und Theologen, gute Leute, gewiss mit ihren Grenzen, aber voller Liebe zu Jesus Christus und seiner Kirche, voller Liebe zu den Armen, erbarmungslos verfolgt. Und nicht nur sie. Auch Bischöfe, wie Sie selbst wissen, der lebende Romero (immer noch gibt es solche im Vatikan, die ihn nicht wollen, zumindest wollen sie nicht den realen, sondern den entschärften Bischof Romero), Dom Hélder Câmara (Recife, Brasilien) nach seinem Tode, Leonidas Proaño (Riobamba, Ecuador), Samuel Ruiz (Chiapas, Mexiko) und noch viele und so weiter. Der Vatikan hat manchmal mit üblen Machenschaften die Lateinamerikanische Ordenskonferenz (CLAR) sowie Tausende von großherzigen Ordensangehörigen so durcheinanderzubringen versucht, dass sie nicht mehr wussten, wo ihnen der Kopf stand. Das ist deshalb besonders bitter, weil viele von ihnen ganz einfache Menschen sind. Vor allem aber hat der Vatikan alles Mögliche dafür getan, die Basisgemeinden der kleinen Leute, der Privilegierten Gottes, zum Verschwinden zu bringen. [...]

Die Kritik des Theologen Joseph Ratzinger an meiner Theologie

Kurz bevor der Vatikan die erste *Instruktion über einige Aspekte der Theologie der Befreiung* veröffentlichte, wurde ein Text von Kardinal Joseph Ratzinger in Form eines Manuskripts in Umlauf gebracht.[124] [...] In diesem Artikel werden die Namen von vier Befreiungstheologen erwähnt: Gustavo Gutiérrez, Hugo Assmann, Ignacio Ellacuría und mein Name, der am häufigsten zitiert wird. Ich zitiere [in Auszügen] wörtlich, was im Text über mich gesagt wird. Ratzinger bezieht sich darin auf mein Buch *Jesús en América Latina. Su significado para la fe y la cristología. San Salvador 1982*[125].

a) *Ratzinger*: „Ignacio Ellacuría deutet diesen Aspekt auf dem Umschlagtext des genannten Buches an, wenn er schreibt: Sobrino sagt wiederum ... ‚dass Jesus Gott ist, aber fügt sofort hinzu, dass der wahre Gott nur jener ist, der sich in der Geschichte und auf skandalöse Weise durch Jesus offenbart und durch die Armen, in denen er weiter anwesend ist. Nur wer diese beiden Aussagen in spannungsvoller Einheit festhält, ist rechtgläubig' ..."

Mein Kommentar: Ich weiß nicht, was an diesen Worten von Ellacuría falsch sein soll.

b) *Ratzinger*: „Der Grundbegriff der Predigt Jesu ist ‚das Reich Gottes'. Dieser Begriff steht auch im Zentrum der Befreiungstheologien, allerdings im Licht einer marxistischen Hermeneutik interpretiert. Nach Jon Sobrino darf das Reich Gottes weder spiritualistisch, noch universalistisch und auch nicht im Sinne eines abstrakten eschatologischen Vorbehalts verstanden werden. Es muss parteiisch und praxisorientiert verstanden werden. Nicht theoretisch, sondern nur von der Praxis Jesu aus kann man definieren, was das Reich Gottes bedeutet: in der uns umgebenden historischen Realität arbeiten, um sie in das Reich Gottes zu verwandeln." (166)

Mein Kommentar: Es ist nicht wahr, dass ich vom Reich Gottes im Licht einer marxistischen Hermeneutik spreche. Wahr ist, dass ich es für entscheidend wichtig halte, sich auf die Praxis Jesu einzulassen, damit wir zu einem Verständnis des Reiches Gottes gelangen, das uns jenem näher bringt, das Jesus selber hatte. [...] Wie bei Jeremia und Hosea zu lesen ist: „Gerechtigkeit tun – heißt dies nicht, mich erkennen? – Spruch Gottes" (vgl. Jeremia 22,16)

Bis hierhin mein Kommentar zu den Bezichtigungen von Ratzinger. In dessen Textdeutung erkenne ich meine Theologie nicht wieder.

[...] Es fällt nicht leicht, einen Dialog mit der Glaubenskongregation zu führen. Manchmal erscheint es unmöglich. Sie scheint davon besessen zu sein, irgendeine Verkürzung oder irgendeinen Fehler zu finden oder etwas als Verkürzung bzw. als Fehler darzustellen, was durchaus auch eine andere Beschreibung einer Glaubenswahrheit sein kann. Meiner Meinung nach trifft man hier zum großen Teil auf Ignoranz, Vorurteil und die Zwangsvorstellung, mit der Befreiungstheologie ein für alle mal Schluss machen zu müssen. [...]

„Extra pauperes nulla salus! – Ohne die Armen kein Heil". Das ist der Kernsatz der Theologie, die Jon Sobrino vertritt. Darin wird er von vielen als ein Lehrer angesehen, der ihr praktisch-politisches Engagement theologisch und spirituell begleitet. Durch den Konflikt mit dem Vatikan provoziert, danken ihm viele Menschen dafür und versichern, gemeinsam mit ihm das Engagement für die Kirche der Armen fortzusetzen. „Wir sind Millionen", die diesen Einsatz und diese Überzeugung teilen, sagen sie. Nachfolge Jesu erweise sich heute daran, die „Gekreuzigten vom Kreuz zu holen". Die Kolleginnen und Kollegen Jon Sobrinos ziehen in Erwägung, aus Protest wegen des Vorgehens gegen Sobrino der Generalversammlung von Aparecida fernzubleiben. Schließlich entscheiden sie sich allen Widerständen zum Trotz, eine Arbeitsgruppe zu bilden, die das Ereignis in Aparecida persönlich begleiten will. Erstaunlicherweise akzeptiert der CELAM sie als offizielle Gesprächspartner und Gesprächspartnerinnen der Delegierten.

Der Versammlungsort Aparecida

Der Wallfahrtsort bringt es mit sich, dass diese Konferenz – im Unterschied zu den vorherigen in Santo Domingo, Puebla und Medellín – im ständigen Kontakt mit dem einfachen Volk steht, das in Scharen die Basilika aufsucht. Die tägliche Eucharistie der Konferenzteilnehmenden morgens um 8 Uhr wird mit allen Pilgerinnen und Pilgern gefeiert, die zur Basilika kommen, nicht in einem abgeschiedenen Raum. An Samstagen und Sonntagen sind häufig bis zu 100.000 Menschen in und um die Basilika anzutreffen. Ca. 30.000 Menschen haben darin Platz, während der Ort Aparecida nur 40.000 Einwohner zählt. Nach den Gottesdiensten drängen sich die Menschen um die Bischöfe, um sie anzusprechen oder einen persönlichen Segen für sich und ihre Kinder zu erbitten. Die Leute lassen die Bischöfe nicht unbehelligt in die täglichen Sitzungen gehen, die in den „Katakomben" der Basilika stattfinden. Dort hören diese zudem die Pilgerinnen beten und singen. Ein lapidarer Satz am Beginn des Dokuments erwähnt die Pilger als Mitautoren: „Die vielen Menschen, die aus ganz Brasilien und aus anderen Ländern Amerikas zum Marienheiligtum pilgerten, haben uns gestärkt und evangelisiert." (DA, 3)

Die Versammlung in den Katakomben der Wallfahrtskirche

Die mehr als zweihundertsechzig offiziell Delegierten – aus dem gesamten Kontinent herkommend, aus sehr unterschiedlichen kulturellen, sozialen, gesellschaftlichen, theologischen und kirchlichen Herkünften – müssen fast vom Nullpunkt aus ein Dokument erarbeiten. Zwar sind nur die Bischöfe im Plenum stimmberechtigt; aber alle Teilnehmenden haben die Möglichkeit, ihre Stimmen bei der Erarbeitung des Textes geltend zu machen: Die Gäste aus Orden, Laienbewegungen, die Experten, die Beobachter anderer Kirchen sowie aus dem Judentum und nicht zuletzt auch Papst Benedikt XVI. sowie die Pilgernden aus dem einfachen Volk – sie alle gehören zu den direkten bzw. indirekten AutorInnen des Ereignisses und seines Textes.

Die verschiedensten Denkströmungen und Interessen sind vertreten und fließen in den Text ein.

Das Dokument von Aparecida[126]

Dokumente wie das von Aparecida, die im Laufe einer Versammlung bzw. eines Kongresses erarbeitet werden, stellen ein eigenes literarisches Genus dar. Darin fließen verschiedene Denkströmungen und Interessen zusammen, eben weil sie einen Konsens erzielen wollen. Nur der Konsens legitimiert schließlich den von der Versammlung verabschiedeten Text. Deshalb gilt auch für das Dokument von Aparecida, dass es aus sehr heterogenen Textteilen zusammengesetzt ist. Der Text wirkt wie eine Art „Flickenteppich", dessen Einzelteile durch die gemeinsame Unterlage zusammengehalten werden. In Aparecida ist es wieder der Dreischritt „Sehen – Urteilen – Handeln", den die vorherige Versammlung von Santo Domingo (1992) und die Amerika-Synode in Rom (1997) verlassen hatten.

Viele Stimmen auf dem ganzen Kontinent hatten darauf bestanden, zu dieser Methode zurückzukehren, weil sie dazu beigetragen habe, die Berufung und Sendung der Kirche intensiver zu leben, die theologisch-pastorale Arbeit zu verbessern und in der jeweiligen konkreten Situation Verantwortung zu übernehmen. Die Bedeutung dieser Entscheidung kann man nur ermessen, wenn man die Methode nicht allein als Arbeitstechnik begreift. Die Methode ist vielmehr Inhalt, und der Inhalt steckt in der Methode: Die Realität besitzt eine eigene Qualität („Zeichen der Zeit"), und die Gemeinschaft ist es, die das „Sehen – Urteilen – Handeln" voranbringt. Die Methode macht es möglich, dass Menschen sich als mitverantwortliche Subjekte erfahren und zu gemeinsamem Handeln finden. Die Methode ist der Ausdruck eines Kirchenverständnisses, das dem Volk Gottes Anerkennung zollt. Entsprechend formuliert man in der Nr. 19 des Dokumentes:

> In Kontinuität mit den bisherigen Generalversammlungen des Lateinamerikanischen Episkopats wird auch in diesem Dokument die Methode „Sehen – Urteilen – Handeln" angewendet.

Mit der Wiederaufnahme des methodischen Dreischritts reklamieren die vielen Stimmen aus dem gesamten Kontinent und die Versammlung von Aparecida also symbolisch, den eigenen Weg wieder aufnehmen und Kirche der Armen werden zu können. Das ist die große Überraschung, die sich in Aparecida ereignet. Die Befreiungstheologie wird zum Dauerthema, nicht nur auf Pressekonferenzen. Im Dokument von Aparecida werden die Themen: „Option für die Armen und Ausgeschlossenen", „strukturelle Sünde", „Utopie vom Reich Gottes" und „Basisgemeinden als lebendige Kernzellen der Kirche" behandelt – allesamt Themen, welche die Kirche der Armen in Lateinamerika auf die Tagesordnung der Weltkirche gebracht hatte. Kurzum: Aparecida – als Dokument und Ereignis – bestätigt, dass die Lateinamerikanische Kirche über Santo Domingo hinweg an die Tradition von Medellín und Puebla wieder anknüpft und ihr eigenes Haupt erhebt. Ja, sie entzieht jenen Tendenzen die Legitimation, die das Zweite Vatikanum übergehen oder uminterpretieren wollen:

> Wir beklagen Bestrebungen, zu einer gewissen Art von Ekklesiologie und Spiritualität zurückzukehren, die der Erneuerung durch das Zweite Vatikanische Konzil widersprechen bzw. die konziliare Erneuerung reduktionistisch deuten und verwenden. (DA, 100 b)

An drei thematischen Achsen des Dokumentes von Aparecida soll deutlich werden, wie lebendig einerseits die Impulse des Katakombenpaktes und damit die wesentlichen Traditionsstränge der vergangenen Jahrzehnte das Geschehen in Aparecida wieder prägen, wie man andererseits aber auch die grundlegenden Optionen durch die neuen Herausforderungen des gesellschaftlichen und kirchlichen Kontextes kreativ weiterentwickelt.

Wie die drei vorangegangenen Generalversammlungen betont auch Aparecida die enge Verbindung zwischen dem Glauben an den Gott des Lebens und der Option für die Armen, präzisiert sie jedoch durch den Verweis auf jene, die das Dokument „die Ausgeschlossenen" nennt:

> Die vorrangige Option für die Armen gehört zu den charakteristischen Zügen unserer Kirche in Lateinamerika und der Karibik. (DA, 391)
>
> Entschlossen machen wir uns erneut die Option für die Armen zu eigen und erklären, dass jeder Evangelisierungsprozess die Förderung des Menschen und seine authentische Befreiung zum Inhalt hat. (DA, 399)

In den Leidensantlitzen der Armen das Antlitz Christi wiederzuerkennen war zuerst in Puebla (1979) formuliert worden (DP, 31–39). Santo Domingo hatte 1992 diesen Gedanken aufgegriffen. Aparecida entdeckt neue Leidensantlitze:

> ... die indigenen und afroamerikanischen Gemeinschaften, die vielfach weder in ihrer Würde anerkannt noch mit gleichen Lebenschancen ausgestattet werden; viele Frauen, die wegen ihres Geschlechts, ihrer Rasse oder ihrer wirtschaftlich-sozialen Lage aus der Gesellschaft ausgeschlossen werden; Jugendliche, die nur unzureichend ausgebildet werden, keine Gelegenheit haben, weiter zu studieren, und auch keinen Zugang zum Arbeitsmarkt erhalten, um sich zu entfalten und eine Familie gründen zu können; viele Arme, Arbeitslose, Migranten, Zwangsumgesiedelte, Bauern ohne Land, die in der informellen Wirtschaft zu überleben suchen; Jungen und Mädchen, die der Kinderprostitution ausgesetzt sind [...] (DA, 65).

Damit unterstreicht Aparecida in einem weiteren Punkt die Kontinuität mit den vorangegangenen Generalversammlungen, geht aber zugleich einen Schritt weiter. Das Dokument erklärt, dass es sich um eine Option handelt, die nicht optional ist, also keine beliebige Wahl darstellt, sondern zur Identität der Christen gehört:

> Alles, was mit Christus zu tun hat, hat mit den Armen zu tun, und alles, was mit den Armen zu tun hat, ruft nach Jesus Christus. „Was ihr für einen meiner geringsten Brüder getan habt, das habt ihr mir getan.“ (Matthäus 25,40). (DA, 393)

Häufig ist von der „vorrangigen Option für die Armen“ die Rede. Und manche hegen den Verdacht, dadurch werde die Bedeutung der Option eingeschränkt. Jedoch hat dieses Adjektiv einerseits theologische Bedeutung. Es soll betonen, dass Gottes Liebe zwar alle Menschen umfasst, jedoch nicht alle in der gleichen Weise. Die biblische Botschaft ist zwar universal, gibt aber zugleich konkret den Witwen, Waisen und Fremden den Vorrang. Beide Aspekte gehören zusammen. Lässt man nur einen der beiden Aspekte gelten, gehen beide verloren. Universalität setzt die vorrangige Liebe zu den Armen in den weiten Horizont der gesamten Menschheit. Vorrangigkeit macht die Universalität historisch konkret. Deshalb sagt Aparecida zu Recht auch:

> Der Missionsauftrag, die Gute Nachricht von Jesus Christus zu verkündigen, bezieht sich auf die ganze Welt. Jesu Liebesgebot schließt alle Dimensionen des Daseins ein, alle Menschen, alle Milieus und alle Völker. (DA, 380)

Andererseits hat das Attribut „vorrangig“ auch die Bedeutung einer kirchlich-praktischen Verpflichtung:

> Vorrangig bedeutet, dass sie all unsere pastoralen Prioritäten und Strukturen durchziehen soll. Die Kirche in Lateinamerika ist berufen,

> Sakrament der Liebe, der Solidarität und der Gerechtigkeit in unseren Völkern zu sein. (DA, 396)

Die Option für die Armen muss durch die Nähe zu den Armen Fleisch und Blut werden:

> Nur wenn wir den Armen so nahe kommen, dass Freundschaft entstehen kann, werden wir wahrhaft schätzen lernen, was den Armen von heute wichtig ist, wonach sie sich legitim sehnen und wie sie selbst ihren Glauben leben. Die Option für die Armen soll uns dahin bringen, Freundinnen und Freunde der Armen zu werden. (DA, 398)

Nur eine solche Nähe wird es auch möglich machen, die Armen selbst als Subjekte ihrer Geschichte anzuerkennen; es reicht nicht, als Kirche Anwältin der Armen zu sein. „Indem wir sie stützen, wenn sie sich bemühen, selbstbestimmt ihre Lage zu verändern und neu zu gestalten" (DA, 394), werden die Armen ihre eigene Stimme in der Gesellschaft zu Gehör bringen können.

Globalisierung

In mehr als fünfzig Textstellen befasst sich das Dokument mit dem Thema „Globalisierung". Positive und negative Seiten der Globalisierung werden ausgemacht, vom Interesse bestimmt, die Christen zur Globalisierung von Solidarität zu mobilisieren.

> Eine Globalisierung ohne Solidarität wirkt sich negativ auf die ärmsten Schichten aus. Dabei geht es nicht allein um Unterdrückung und Ausbeutung, sondern um etwas Neues, um den gesellschaftlichen Ausschluss. Durch ihn wird die Zugehörigkeit zur Gesellschaft, in der man

> lebt, untergraben, denn man lebt nicht nur unten, oder am Rande bzw. ohne Einfluss, sondern man steht draußen. Die Ausgeschlossenen sind nicht nur „Ausgebeutete", sondern „Überflüssige" und „menschlicher Abfall". (DA, 65)

Das herrschende Globalisierungsmodell ist bestimmt von der Macht der Finanzinstitutionen und transnationalen Konzerne.

> [Sie] entwickeln eine solche Macht, dass sie sich die jeweilige lokale Wirtschaft untertan machen, vor allem aber die Staaten schwächen, die kaum noch die Macht haben, Entwicklungsprojekte zugunsten ihrer Bevölkerungen voranzubringen, insbesondere, wenn es sich um langfristige Investitionen handelt, die keine unmittelbare Rendite erbringen. (DA, 66)

Dieses Modell zieht eine Reihe verheerender Folgen für Lateinamerika nach sich:

> In ihrer gegenwärtigen Gestalt ist die Globalisierung unfähig, jene objektiven Werte, die sich jenseits des Marktes befinden und die für das menschliche Leben besonders wichtig sind, wahrzunehmen und ihnen zu entsprechen: Wahrheit, Gerechtigkeit, Liebe und insbesondere die Menschenwürde und Rechte aller, auch jener, die am Rande des Marktes leben. (DA, 61)

In diesem Zusammenhang werden auch völlig neue Themen angeschnitten, die bei den bisherigen Generalversammlungen kaum beachtet oder völlig übersehen wurden: Der immer stärkere Zusammenschluss der Länder in der Region, die Globalisierung der Rechtsprechung (DA, 81), die Vielfalt der Kulturen und Arten, die Ökologie und das Amazonasgebiet. Der Naturschutz werde häufig der wirtschaftlichen Entwicklung untergeordnet, sodass die biologische Vielfalt Schaden leidet, Wasserreserven und andere Naturressourcen zur Neige gehen, die

Luft vergiftet wird und das Klima sich spürbar verändert. Aus der Perspektive der Armen fordert der Text, dass der Mensch mit seinen Grundbedürfnissen den Vorrang behalten muss. Empört stellt das Dokument fest, dass die Einheimischen faktisch enteignet werden:

> Von den Entscheidungen über die Reichtümer der Artenvielfalt und der Natur sind die traditionalen Bevölkerungen praktisch ausgeschlossen worden. Die Natur wurde und wird immer noch beschädigt. Der Boden wurde ausgeplündert und vergiftet. Die Wasserreserven werden behandelt, als seien sie eine Geschäftsware der Unternehmen; sie wurden auch noch zu einem Gut gemacht, um das sich die Großmächte streiten. Ein prägnantes Beispiel für diese Situation ist das Amazonasgebiet. (DA, 84)

Indígenas und AfroamerikanerInnen

Der Reichtum sowie die kulturelle Verschiedenheit der Völker Lateinamerikas und der Karibik stehen für die Konferenz von Anfang an auf der Tagesordnung. Zum einen hatten die Bischofskonferenzen von Brasilien, Bolivien, Ecuador, Guatemala und Panama Bischöfe delegiert, die an der Seite der autochthonen und schwarzafrikanischen Völker seit Langem engagiert sind. Auch waren Expertinnen und Experten berufen worden, die im CELAM für die Anliegen der Indígenas streiten, sodass man gut vorbereitet in die Generalversammlung kam. Zum anderen provoziert Papst Benedikt XVI. durch eine verunglückte Passage seiner Eröffnungsansprache eher unbeabsichtigt, dass die Generalversammlung sich intensiv mit der Thematik befassen muss.

In seiner Eröffnungsansprache zur Versammlung deutet der Papst die Evangelisierung Amerikas auf eine Weise, wie man sie nach der Vierten Generalversammlung von 1992 in Santo Domingo nicht mehr erwartet hatte. Anders als noch Johannes Paul II., der 1992 von den Licht- und Schattenseiten der Evangelisierung gesprochen und im Schuldbekenntnis um Vergebung gebeten hatte; anders als das Dokument der Bischofsversammlung von Santo Domingo, das seinerseits die „indigenen und afroamerikanischen Geschwister vor der grenzenlosen Heiligkeit Gottes" um Vergebung gebeten hatte „für alles, was an Sünde, Unrecht und Gewalttat" bei der Eroberung und Erstevangelisierung geschehen war – anders also als diese Dokumente des kirchlichen Lehramtes behauptet Papst Benedikt XVI. in seiner Rede (Nr. 1):

> Tatsächlich hat die Verkündigung Jesu und seines Evangeliums zu keiner Zeit eine Entfremdung der präkolumbischen Kulturen mit sich gebracht und war auch nicht die Auferlegung einer fremden Kultur. [...] Christus war der Erlöser, nach dem sie sich im Stillen sehnten.

Das Conquista-Unternehmen als schiedlich-friedliche Verkündigung zu kennzeichnen, aber alle Verbrechen, die gegen die Kulturen der UreinwohnerInnen verübt wurden, schweigend zu übergehen, muss man als historischen Fehler kritisieren. Viele Indígena-Organisationen auf dem ganzen Kontinent reagieren empört über die Behauptung des Papstes und fordern eine Entschuldigung. Auch viele Teilnehmende der Generalversammlung, Bischöfe, Priester und Laien, sind bestürzt und wehren sich innerlich heftig gegen die einseitige Darstellung der Conquista durch den Papst, ohne dies nach außen kundzutun. Man fragt sich, wie die vatikanische Diplomatie einen solchen Text nach dem Bußakt von Santo Domingo 1992 und nach dem Bußakt vom ersten Fastensonntag 2000 im römischen Petersdom hatte durchgehen lassen können.

Ein Seufzer der Erleichterung ist in der Versammlung zu vernehmen, als am Mittwoch, dem 23. Mai 2007, die Nachrichten von der Generalaudienz des Papstes in Rom eintreffen: Der Papst habe seine Äußerungen über die Conquista korrigiert und präzisiert. Vor 25.000 Pilgern auf dem Petersplatz hatte der Papst inzwischen an die Stationen seiner Brasilienreise erinnert und dann über die Beziehung zwischen Glauben und Kultur gesagt:

> Die Erinnerung an eine glorreiche Vergangenheit darf die Schatten, die das Werk der Evangelisierung des lateinamerikanischen Kontinents begleiteten, nicht ignorieren: Es ist in der Tat nicht möglich, das Leid und die Ungerechtigkeiten zu vergessen, die von den Kolonisatoren den oft in ihren grundlegenden Menschenrechten mit Füßen getretenen indigenen Völkern zugefügt worden sind. Aber die gebührende Erwähnung derartiger nicht zu rechtfertigender Verbrechen – Verbrechen, die allerdings schon damals von Missionaren wie Bartolomeo de las Casas und von Theologen wie Francisco de Vitoria von der Universität Salamanca verurteilt wurden – darf nicht daran hindern, voll Dankbarkeit das wunderbare Werk wahrzunehmen, das im Laufe dieser Jahrhunderte von der göttlichen Gnade unter diesen Völkern vollbracht wurde.

Von da an darf die Eröffnungsrede nur noch in Verbindung mit diesem Kommentar gelesen und zitiert werden. Daran hält sich auch die deutsche Übersetzung des Dokumentes von Aparecida; in der Fußnote 4 wird dieser Abschnitt aus der Generalaudienz vom 23. Mai wörtlich zitiert.

Gedrängt von den neuen politischen Entwicklungen in Mexiko und Brasilien, Bolivien und Ecuador, wo indigene Organisationen verstärkt die politische Entwicklung mitbestimmen, anerkennt die Versammlung von Aparecida:

> Heute treten die Indigenen und Nachkommen der Afrikaner in der Gesellschaft und in der Kirche wieder hervor. Dieser Moment ist ein „Kairos", in dem die Kirche diesen Menschengruppen respektvoller begegnen kann: Sie fordern die volle Anerkennung ihrer individuellen wie kollektiven Rechte und verlangen, mit ihrem Weltverständnis, ihren Werten und ihrer eigenen Identität in der katholischen Welt ernst genommen zu werden, damit die Kirche ein neues Pfingsten erfährt. (DA, 91)

Die Kirche Lateinamerikas und der Karibik verpflichtet sich, gegen Ausschluss und Unterdrückung dafür einzutreten, dass die indigenen und afroamerikanischen Völker in ihrer Andersartigkeit anerkannt werden und ihren Platz in der Gesellschaft einnehmen können:

> Als Jünger und Missionare im Dienst des Lebens stehen wir den indigenen und einheimischen Völkern bei, wenn sie ihre Identität und ihre Selbstorganisation sichern, wenn sie ihr Territorium schützen, wenn sie sich zweisprachig interkulturell bilden und ihre Rechte verteidigen. Wir verpflichten uns auch dazu, durch Kommunikationsmittel und andere Möglichkeiten der Meinungsbildung in der Gesellschaft ein Bewusstsein für die indigene Realität und ihre Werte zu schaffen. (DA, 530)
>
> In der Nachfolge Jesu auf unserem Kontinent sind wir auch durch die Anerkennung der Afroamerikaner herausgefordert, weil sie uns die Frage stellen, ob wir die wahre Liebe zu Gott und zum Nächsten leben. Jünger und Missionare sein bedeutet, sich das Erbarmen und die Fürsorge des Vaters zu eigen zu machen, die im befreienden Tun Jesu ihren Ausdruck finden. „Die Kirche verteidigt die wahren kulturellen Werte aller Völker, besonders der unterdrückten, wehrlosen und marginalisierten, angesichts der überwältigenden Macht der

> Strukturen der Sünde, die die moderne Gesellschaft prägen." Die kulturellen Werte, die Geschichte und die Traditionen der Afroamerikaner zu kennen und in einen geschwisterlichen und respektvollen Dialog mit ihnen einzutreten, ist ein wichtiger Bestandteil des Evangelisierungsauftrages der Kirche. (DA 532)

Wie bereits in Puebla und Santo Domingo wird auch der Text von Aparecida wiederum das Opfer von Eingriffen einer römisch-kurialen „unsichtbaren Hand". Zwischen der Beschlussfassung am 31. Mai 2007 und der Veröffentlichung nach der Billigung durch den Papst am 11. Juli 2007 wird der beschlossene Text manipuliert. Offenherzig hatten die Bischöfe in ihren Text geschrieben, dass sie eine gewisse Art von Klerikalismus, Tendenzen zu einer vorkonziliaren Ekklesiologie und Mangel an Bereitschaft zur Selbstkritik in der Kirche beklagen. Sie hatten sich darüber beschwert, dass durch moralistische Tendenzen in der kirchlichen Verkündigung die zentrale Bedeutung des Evangeliums verloren gehe; aber auch, dass Frauen in der Kirche immer noch diskriminiert werden und in pastoralen Entscheidungsgremien häufig nicht anzutreffen seien.

All diese Aspekte einer pastoralen Umkehr werden durch die „unsichtbare Hand" aus dem beschlossenen Text herausgeschnitten. Manchen vatikanisch bestimmten kirchlichen Amtsträgern geht solche Umkehr und Offenheit bereits zu weit.

Bischof Demetrio Valentini, Mitglied der brasilianischen Delegation in Aparecida, bemerkt zu den veränderten Textteilen:

> Die dubiose Episode der in den Beschlusstext von Aparecida eingefügten Modifizierungen wirft einen Schatten auf den Rezeptionsprozess nach der Fünften Generalversammlung. Diese Episode verlangt eine adäquate Überprüfung, damit sie nicht die positive Entwicklung von

Aparecida beeinträchtigt. Die Episode ruft deshalb solch heftige Reaktion hervor, weil sie in so deutlichem Kontrast zu den in Aparecida geweckten Hoffnungen steht und nach den Erfahrungen dort eine völlig unerwartete Überraschung darstellt. Dieser Zwischenfall, den Aparecida nicht verdient hat, beeinträchtigt die Kompetenz der Kirche in Lateinamerika und der Karibik, die sich dazu berufen fühlt, ihre Mündigkeit unter Beweis zu stellen, und sich gedrängt weiß, ihren eigenen wertvollen Beitrag in das Gesamt der Kirche einzubringen. Vielleicht haben sich jene, die glaubten, durch spätere Eingriffe außerhalb des Kontextes der Erfahrungen von Aparecida das Dokument verbessern zu können, am meisten darüber getäuscht, welch kraftvolle Einsichten sich selbst in unvollkommenen Formulierungen niederschlagen.[127]

Der Kommentar des Erzbischofs von Buenos Aires, Kardinal Jorge Mario Bergoglio

Von den Eingriffen wohl am stärksten getroffen wird der Leiter der Redaktionskommission für das Dokument von Aparecida, der Erzbischof von Buenos Aires, Kardinal Jorge Mario Bergoglio. Aber der Kardinal schweigt zu dem Vorgang, weil ihm wohl wichtiger ist, dass die Grundorientierung des Dokumentes nicht angetastet wurde. An dessen Erarbeitung hatte er maßgeblichen Anteil. Gleich am zweiten Tag wählt die Versammlung ihn für die Aufgabe, die Redaktionsarbeit für das Dokument zu leiten, offenbar, weil sie erkannt hatte, dass ihm an einer umfassenden und freimütigen Mitwirkung aller lag. Er regt die Versammlung dazu an, keinen der vorliegenden Arbeitstexte als Basisdokument zu verwenden, sondern spontan die unterschiedlichen Erfahrungen zusammenzutragen, zu reflektieren und niederzuschreiben. Aus dieser Methode, so hoffe er, würden allmählich Gemeinsamkeiten erwachsen. Der Austausch in den thematischen Kommissionen würde eine eigene Dynamik entwickeln. Die Reaktionen der Teilnehmenden bestätigen seine Erwartungen: Wer in Santo Domingo dabei gewesen war, stellt erfreut fest, dass man sich in Aparecida um Lichtjahre von Santo Domingo entfernt fühlt. Die Arbeitsgruppen bieten Raum für Meinungsverschiedenheiten und Konsenssuche. An diesem Gesprächsklima hat Bergoglio erheblichen Anteil. Und aus dem Gesprächsklima geht ein Dokument hervor, an dem viele Autoren mitschreiben. Bergoglio als Leiter der Redaktionskommission fügt am Ende das ganze Werk „harmonisch" zusammen.

Bergoglio selbst schildert, wie er die Versammlung erlebt hat[128]:

> Das Schlussdokument ist ein lehramtliches Dokument der lateinamerikanischen Kirche. [...] Wir haben das Dokument in einem echten Klima brüderlicher Zusammenarbeit verfasst. Gegenseitiger Respekt bestimmte die Arbeit; sie bewegte sich von unten nach oben, und nicht umgekehrt. Um dieses Klima zu verstehen, muss man die drei Kernpunkte beachten, die drei „Säulen" von Aparecida.
>
> Also zunächst einmal dieses „von unten nach oben". Zum ersten Mal geht eine Generalversammlung nicht von einem zuvor erarbeiteten Basistext aus, sondern von einem offenen Dialog, der den vorherigen zwischen den Bischofskonferenzen und dem CELAM weiterführt. Die Versammlung begann mit den Berichten, den die 23 Vorsitzenden der Bischofskonferenzen vortrugen. Über die darin angesprochenen Themen wurde dann in verschiedenen Gruppen debattiert. In den verschiedenen redaktionellen Phasen des Dokumentes konnten ebenfalls alle ihre Beiträge liefern. Wir wollten alles, was von unten, vom Volk Gottes kam, berücksichtigen, aber daraus keine Zusammenfassung machen,

sondern ein harmonisches Ganzes. Die Harmonie bewirkt der Heilige Geist. Nur er kann Verschiedenheit, Vielfalt, Pluralität wecken und gleichzeitig Einheit bewirken. Sobald wir selbst die Verschiedenheit herstellen wollen, machen wir daraus Spaltungen, und wenn wir es sind, die die Einheit herstellen wollen, machen wir daraus Uniformität, Gleichschaltung. So haben wir in Aparecida mit dem Heiligen Geist zusammengearbeitet. Und wenn man das Dokument aufmerksam liest, bemerkt man ein kreisendes, harmonisches Denken; dann nimmt man eine Harmonie wahr, die nicht passiv, sondern kreativ ist, die wiederum zur Kreativität anregt, weil sie vom Heiligen Geist stammt.

Die zweite Säule besteht darin, dass sich eine Versammlung des lateinamerikanischen Episkopats zum ersten Mal an einem Marienwallfahrtsort einfindet. Schon der Ort für sich genommen hat große Bedeutung. Jeden Morgen beteten wir die Laudes, feierten mit den Pilgernden die Messe. Mit den einfachen Leuten die Eucharistie feiern ist etwas anderes, als sie abgeschieden unter uns Bischöfen allein zu feiern. Das gab uns das lebendige Gefühl, zu unseren Leuten zu gehören, das Gefühl einer Kirche, die als Volk Gottes auf dem Weg ist, das Gefühl, als Bischöfe im Dienst des Volkes Gottes zu stehen. Außerdem fanden die Arbeitssitzungen in den Katakomben unterhalb der Wallfahrtskirche statt. Dort hörten wir, wie die Gläubigen beteten und sangen. Im Schlussdokument gibt es einen Abschnitt, der sich auf die Volksreligiosität bezieht. Das sind besonders schöne Seiten. Besser gesagt: Ich bin sicher, dass sie von genau dieser Situation inspiriert sind. Außer in *Evangelii nuntiandi* ist in keinem Dokument der Kirche schöner über die Volksfrömmigkeit geschrieben worden.

Die dritte Säule besteht darin, dass das Dokument von Aparecida nicht bei sich selbst stehen bleibt, keinen Abschluss darstellt, kein letzter Schritt ist. Sondern das letzte Kapitel macht offen für die Sendung, die Mission, die Verkündigung und das Zeugnis der Jünger. Um im Glauben treu zu bleiben, muss man aufbrechen. Durch den Aufbruch erweist man die Treue, das ist der Kerngedanke der Sendung, und das ist es, was Aparecida letztlich sagt.

Zwar beklagt sich Bergoglio öffentlich nicht über die Eingriffe in den Text. Aber sechs Jahre später kehrt Jorge Mario Bergoglio als Papst Franziskus nach Brasilien zurück. Und in den Ansprachen vor den Bischöfen spielen die Stichworte „Klerikalismus", „Selbstkritik" und „Moralismen, die die frohe Botschaft verdunkeln" eine Schlüsselrolle. Als Papst will er die frohe Botschaft in den Mittelpunkt rücken, statt sie unter moralischen Ansprüchen zu begraben. Er will die Kirche vom Klerikalismus reinigen, damit alle in ihr Sitz und Stimme haben. Und er will die Kirche zu selbstkritischer Betrachtung befähigen, um sie vor „theologischem Narzissmus" zu bewahren. Dass nach der Wahl Bergoglios zum Bischof von Rom die zensierten Worte nun durch den Papst in den Diskurs zurückkehren, ist schon eine besondere Ironie der Geschichte. Vielleicht ist Aparecida also auch der Anstoß zur „Konversion des Papstamtes" (EG, 32).

Nun als Papst nach Aparecida zurückgekehrt, denkt Jorge Mario Bergoglio mit den Bischöfen Brasiliens auch darüber nach, was der Ort Aparecida der Kirche heute zu sagen hat. Dafür bezieht er sich auf die Legende, die vom Ursprung des Wallfahrtsortes erzählt: Im Jahr 1717 hatten die kommunalen Behörden von Guaratinguetá im Tal des Paraíba-Flusses drei Fischer mit dem Fischfang für das Gastmahl des durchreisenden Gouverneurs beauftragt. Die Fischer arbeiteten angestrengt ohne Erfolg, entdeckten jedoch eine kleine Terrakottafigur ohne Kopf, als sie das Netz einzogen, und nachdem sie das Netz erneut ausgeworfen hatten, fanden sie das dazugehörige Kopfstück. Zu ihrer Überraschung wurden sie schließlich auch noch mit einem überreichen Fischfang belohnt.

Die Meditation, die der Papst, ausgehend von der Legende, den Bischöfen anbietet, lässt sich auch im Licht des Katakombenpaktes und der Geschichte lesen, die durch die Gruppe „Kirche der Armen“ in Gang gesetzt wurde. Dann erweist sich die Meditation als ein Gleichnis über die pastorale Umkehr zur „armen Kirche für die Armen“, von der Papst Franziskus kurz nach der Papstwahl und zur Begründung seiner Namenswahl gesprochen hatte: Die armen Fischer belehren die Kirche über das Geheimnis Gottes. Die Armen evangelisieren durch Einfachheit, durch Weile statt Eile, durch Kreativität der Liebe statt Reichtum der Mittel. Diesen Weg hat auch die Kirche Lateinamerikas in den vergangenen fünfzig Jahren zurückgelegt. Auf diesem Weg hat die lateinamerikanische Kirche immer größere Klarheit über sich gewonnen und ist im Glauben gereift, meint der Papst aus Lateinamerika, wenn er in seiner Meditation sagt:

Aparecida: Schlüssel zum Verständnis der Sendung der Kirche[129]

In Aparecida hat Gott Brasilien seine eigene Mutter [„Mãe Negra“] geschenkt. Aber in Aparecida hat Gott auch eine Lehre über sich selber erteilt, darüber, wie er ist und handelt. Eine Lehre über die Schlichtheit, die ein wesentliches Merkmal Gottes ausmacht und die zur DNA Gottes gehört. In Aparecida kann man etwas über Gott und über die Kirche lernen, das die Zeiten überdauert; eine Lehre, die weder die Kirche in Brasilien, noch Brasilien selbst vergessen dürfen.

Das Ereignis Aparecida beginnt mit der Suche einiger armer Fischer. Großer Hunger und kaum etwas zu essen. Die Leute brauchen immer Brot. Die Menschen fangen immer mit dem an, was sie wirklich brauchen, auch heute.

Sie haben ein brüchiges, ungeeignetes Boot; sie haben schlechte, vielleicht auch beschädigte, defekte Netze.

Zuerst ist da die Mühe des Fischens, vielleicht die Erschöpfung, aber das Ergebnis ist dürftig: Ein Fiasko, ein Reinfall. Der Aufwand umsonst, die Netze sind leer.

Doch wenn Gott will, ist Gott selbst in seinem Geheimnis plötzlich da. Die Wasser sind tief, doch bergen sie stets die Chance in sich, dass Gott da ist; und überraschend ist er da, gerade dann, wenn man ihn nicht mehr erwartet. Die Geduld derer, die auf ihn warten, wird stets auf die Probe gestellt. Und Gott kam ganz anders, weil Gott immer überrascht: ein Bild aus zerbrechlichem Ton, eingedunkelt vom Flusswasser und mitgenommen von der Zeit. Gott erscheint stets im Gewand von etwas Belanglosem.

So also ist das Bildnis der Unbefleckten Empfängnis aufgetaucht. Zuerst der Rumpf, dann der Kopf und dann werden Rumpf und Kopf zusammengefügt: Einheit. Was auseinandergebrochen war, wird wieder eins. Das koloniale Brasilien war geteilt durch die schändliche Mauer der Sklaverei. Die Jungfrau von Aparecida mit dem schwarzen Gesicht erscheint zuerst geteilt, dann geeint durch die Hände der Fischer.

Damit will Gott uns eine Lehre erteilen. Seine Schönheit, deren Spiegelbild die ohne Erbsünde empfangene Mutter darstellt, taucht aus dem dunklen Fluss auf. Von Anfang an lässt Gott uns in Aparecida wissen, dass zusammengefügt wird, was zerbrochen war, dass vereint wird, was gespalten ist. Mauern, Abgründe und Entfernungen, die auch heute trennen, werden verschwinden. Diese Lektion, Werkzeug der Versöhnung zu sein, darf die Kirche nicht ignorieren.

Die Fischer verharmlosen das Geheimnis nicht, das ihnen im Fluss begegnet, selbst wenn es bruchstückhaft erscheint. Sie werfen seine Bruchstücke nicht weg. Sie warten darauf, dass es ganz wird. Und sie warten nicht vergeblich. Darin liegt eine Weisheit, die wir erlernen müssen. Überall können wir Bruchstücke eines Geheimnisses finden, wie die Teile eines Mosaiks. Viel zu schnell wollen wir dann das Ganze sehen, Gott aber zeigt sich nur ganz allmählich. Auch die Kirche muss das Warten lernen.

Dann bringen die Fischer das Geheimnis nach Hause. Die einfachen Leute haben immer Platz, um dem Geheimnis Raum zu geben. Vielleicht haben wir unser Sprechen über das Geheimnis auf eine rationale Erklärung verkürzt; die Leute aber erreicht das Geheimnis über das Herz. Gott hat immer einen Platz im Haus der Armen.

Die Fischer mummeln sie ein [agasalham]: Sie umkleiden die geheimnisvolle, beim Fischfang gefundene Jungfrau, als friere sie und müsse gewärmt werden. Gott bittet darum, dass wir ihm da Unterschlupf gewähren, wo es bei uns selbst am wärmsten ist: im Herzen. Danach verströmt er selbst die Wärme, die wir brauchen, doch zuerst kommt er wie ein listiger Bettler herein. Die Fischer umhüllen das Geheimnis der Jungfrau mit dem ärmlichen Mantel ihres Glaubens. Sie rufen die Nachbarn, die gefundene Schönheit zu betrachten; sie versammeln sich um sie; ihr erzählen sie von ihren Mühen und Leiden und vertrauen ihr ihre Sorgen an. So tun sie das Ihre, dass Gottes Wille geschehen kann: erst die eine Gnade, dann die andere; die eine Gnade macht offen für die nächste; die eine Gnade macht bereit für die andere. Nach und nach lässt Gott die geheimnisvolle Schlichtheit seiner Kraft erfahren.

Aus dem Verhalten der Fischer kann man viel lernen. Die Kirche muss so sein, dass sie dem Geheimnis Gottes Raum gibt; die Kirche muss so sein, dass dieses Geheimnis in ihr selbst erfahren werden kann, sodass die Leute verzaubert werden und sich angezogen fühlen. Nur die Schönheit Gottes kann anziehend wirken. Gott wirkt durch Faszination. Gott lässt sich nach Hause mitnehmen. Er weckt im Menschen den Wunsch, Gott bei sich, zu Hause, im eigenen Herzen zu haben. Er weckt in uns den Wunsch, die Nachbarn zu rufen, um von seiner Schönheit zu erzählen. Nur aus der Faszination über Gott, aus dem Staunen über die Begegnung entsteht Mission. Wir sprechen von Mission, von einer missionarischen Kirche. Dabei denke ich daran, dass die Fischer ihre Nachbarn rufen, um das Geheimnis der Jungfrau zu betrachten. Wenn wir es nicht so einfach tun wie sie, ist unsere Mission zum Scheitern verurteilt.

Die Kirche hat es dringend nötig, die Lektion von Aparecida in Erinnerung zu behalten; sie darf sie nie verlieren. Die Netze der Kirche sind morsch, vielleicht gar geflickt; das Boot der Kirche ist kein machtvolles Kreuzfahrtschiff, das den Ozean durchquert. Aber Gott will mit unseren Mitteln, durch unsere ärmlichen Mittel erfahrbar werden, weil immer er es ist, der wirkt.

Liebe Mitbrüder, unsere pastorale Arbeit wirkt nicht durch den Reichtum der Mittel, sondern durch die Kreativität der Liebe. Sicher sind auch Entschiedenheit, Anstrengung, Arbeit, Planung, Organisation gefordert, vor allem aber muss klar sein, dass die Kirche ihre Kraft nicht aus sich selber hat, sondern dass sie in den tiefen Wassern Gottes verborgen liegt, in denen die Kirche ihre Netze auswerfen soll.

Noch eine Lektion hat die Kirche stets in Erinnerung zu behalten: Sie darf die Einfachheit nicht fliehen, dann verlernt sie die Sprache des Mysteriums, dann bleibt sie vor der Tür zum Mysterium, dann erreicht sie jene nicht, die bei der Kirche suchen, was sie sich selbst nicht geben können, nämlich Gott. Manchmal verlieren wir solche, die uns nicht mehr verstehen, weil wir die Einfachheit verlernt haben. Dann haben wir uns einer Rationalität von außen bedient, die unseren Leuten fremd ist. Ohne die Grammatik der Einfachheit beraubt sich die Kirche ihrer Fähigkeit, Gott in den tiefen Wassern seines Mysteriums „fischen" zu können.

Hier ist die Geistesverwandtschaft zwischen den Bischöfen des Katakombenpaktes und Papst Franziskus mit Händen zu greifen. Der Abschied von der Kirche der Macht, der konstantinischen Kirche, bestimmt auch seine Botschaft zur Fastenzeit 2014. Darin verstärkt er, was er in der Bildrede von Aparecida erzählt:

In jeder Zeit und an jedem Ort rettet Gott weiterhin die Menschen und die Welt durch die Armut Christi, der arm wird in den Sakramenten, im Wort und in seiner Kirche, die ein Volk der Armen ist. Der Reichtum Gottes kann nicht durch unseren Reichtum vermittelt werden, sondern immer ausschließlich durch unsere persönliche und gemeinschaftliche, vom Geist Christi beseelte Armut.[130]

Was arm sein an der Seite der Armen für Papst Franziskus bedeutet, bringt er noch deutlicher zur Sprache in seiner Rede vor der Versammlung von 1500 Vertreterinnen und Vertretern der sozialen Bewegungen, die er bei seinem Bolivienbesuch im Juli 2015 in Santa Cruz trifft.[131] Hier greift er einerseits das Schuldbekenntnis von 1992 auf, geht aber andererseits darüber hinaus. Er gedenkt nicht nur der Frauen und Männer, die aus Solidarität mit den Volksbewegungen das Martyrium nicht gescheut haben, sondern ehrt die sozialen Bewegungen als Subjekte einer neuen Gesellschaft. An ihrer Seite will er sein:

> Ich sage Ihnen mit Bedauern: Im Namen Gottes sind viele und schwere Sünden gegen die Ureinwohner Amerikas begangen worden. Das haben meine Vorgänger eingestanden, das hat der CELAM, der Lateinamerikanische Bischofsrat, gesagt, und auch ich möchte es sagen. Wie Johannes Paul II. bitte ich, dass die Kirche – ich zitiere – „vor Gott niederkniet und von ihm Vergebung für die Sünden ihrer Kinder aus Vergangenheit und Gegenwart erfleht". Ich will Ihnen sagen – und ich möchte dabei ganz freimütig sein, wie es der heilige Johannes Paul II. war: Ich bitte demütig um Vergebung, nicht nur für die von der eigenen Kirche begangenen Sünden, sondern für die Verbrechen gegen die Urbevölkerungen während der sogenannten Eroberung Amerikas. Gemeinsam mit dieser Bitte um Vergebung möchte ich, um gerecht zu sein, auch, dass wir uns an Tausende von Priestern und Bischöfen erinnern, die sich mit der Kraft des Kreuzes entschieden der Logik des Schwertes widersetzt haben. Es gab Sünde, es gab sie, und zwar reichlich, wir aber haben nicht um Vergebung gebeten, und deshalb bitten wir um Vergebung, bitte ich um Vergebung. Doch auch dort, wo es Sünde gab, wo es reichlich Sünde gab, ist die Gnade überreich geworden (vgl. Röm 5,20) durch diese Männer, die das Recht der Urbevölkerungen verteidigt haben. Ich bitte auch Sie alle – Gläubige und Nicht-

gläubige –, sich an die vielen Bischöfe, Priester und Laien zu erinnern, welche die Frohe Botschaft Jesu mutig und sanftmütig, respektvoll und friedlich verkündet haben und verkünden. Und da ich die Bischöfe, Priester und Laien erwähnt habe, möchte ich nicht die Ordensschwestern vergessen, die anonym durch unsere Armenviertel gehen und eine Botschaft des Friedens und des Guten bringen. Sie alle haben auf ihrem Weg durch dieses Leben bewegende Werke der menschlichen Förderung und der Liebe hinterlassen, oft gemeinsam mit den einheimischen Bevölkerungen oder indem sie deren Volksbewegungen begleiteten, sogar bis zum Martyrium. Die Kirche, ihre Söhne und Töchter, sind ein Teil der Identität der Völker Lateinamerikas – einer Identität, die einige Mächte hier wie in anderen Ländern unbedingt auslöschen wollen, manchmal weil unser Glaube revolutionär ist, weil unser Glaube der Tyrannei des Götzen Geld die Stirn bietet. [...] Lassen Sie mich den Brüdern und Schwestern der lateinamerikanischen Eingeborenenbewegung meine zutiefst empfundene Zuneigung ausdrücken und sie beglückwünschen zu ihrem Versuch, ihre Völker und Kulturen zu vereinen. [...] Die Zukunft der Menschheit liegt nicht allein in den Händen der großen Verantwortungsträger, der bedeutenden Mächte und der Eliten. Sie liegt grundsätzlich in den Händen der Völker; in ihrer Organisationsfähigkeit und auch in ihren Händen, die in Demut und mit Überzeugung diesen Wandlungsprozess „begießen". Ich bin an Ihrer Seite. Und wiederholen wir, ein jeder in seinem Herzen: keine Familie ohne Wohnung, kein Campesino ohne Grund und Boden, kein Arbeiter ohne Rechte, kein Volk ohne Souveränität, kein Mensch ohne Würde, kein Kind ohne Kindheit, kein Jugendlicher ohne Möglichkeiten, kein alter Mensch ohne ein ehrwürdiges Alter. Fahren Sie fort in Ihrem Kampf und, bitte, sorgen Sie sehr für die Mutter Erde!

V. Umkehren heißt Schablonen zerbrechen – ein Nachspiel

„Haben wir all das getan, was uns der Heilige Geist im Konzil gesagt hat?"[132] Die Frage, die Papst Franziskus sich in der Predigt vom 16. April 2013 stellt, verbindet ihn unmittelbar mit den Katakombenpaktbischöfen. Diese begnügten sich auch nicht mit den erarbeiteten Konzilsdokumenten. Durch ihre Selbstverpflichtungen gingen sie mit dem Konzil über das Konzil hinaus, um eine dienende und arme Kirche zu werden. Diese Frage bewegt auch uns, wenn wir nach fünfzig Jahren an den Katakombenpakt erinnern und ihn zu erneuern suchen:

1. durch Rückkehr zu den Quellen;
2. durch Umkehr zur Samaritanischen Kirche;
3. durch Mitverantwortlichkeit aller im und für das Volk Gottes;
4. durch die Suche nach dem Reich Gottes, nach der anderen Welt, in der alle Platz haben.

Die Rückkehr zu den Quellen

„Die uralte Erzählung vom barmherzigen Samariter wurde zum Paradigma für die Spiritualität dieses Konzils", hatte Papst Paul VI. zum Schluss des Zweiten Vatikanischen Konzils gesagt.[133] Für die Gruppe „Kirche der Armen" während des Konzils war der Ausgangspunkt ihres Engagements, Maß zu nehmen am armen Jesus von Nazaret:

„Die Armen und Arbeiter [...] wollen eine wahre und echte Kirche, die mit Jesus von Nazaret identisch ist."[134] Am Ende begründen die Katakombenpaktbischöfe ihre Selbstverpflichtungen mit dem Verweis auf den armen Jesus und notieren hinter jede Selbstverpflichtung den Impuls aus dem Evangelium, der sie dazu inspiriert. Offenbar entspricht ihre Erfahrung jener, die Papst Franziskus in *Evangelii gaudium* so formuliert:

> Jesus Christus kann auch die langweiligen Schablonen durchbrechen, in denen wir uns anmaßen, ihn gefangen zu halten, und überrascht uns mit seiner beständigen göttlichen Kreativität. Jedes Mal, wenn wir versuchen, zur Quelle zurückzukehren und die ursprüngliche Frische des Evangeliums wiederzugewinnen, tauchen neue Wege, kreative Methoden, andere Ausdrucksformen, aussagekräftigere Zeichen und Worte reich an neuer Bedeutung für die Welt von heute auf. (EG, 11)

Für den Jesus des Evangeliums gilt als oberstes Gebot eben nicht die Einhaltung der Gesetze, nicht der Gehorsam gegenüber den Autoritäten der Religion oder den staatlichen Machthabern. Oberstes Gebot ist das „Leben in Fülle" für alle. Er verkündet den Gott des Lebens in den Geschichten vom barmherzigen Samariter oder vom barmherzigen Vater, mit ihrer menschenfreundlichen, religions- und moralkritischen Gottesverkündigung. „Barmherzigkeit will ich, nicht Opfer." „Der Mensch ist nicht für das Gesetz (den Sabbat) da, sondern das Gesetz (der Sabbat) für den Menschen." Mit prophetischer Leidenschaft analysiert Jesus die Machtverhältnisse der Welt, unter denen die Unschuldigen leiden: „Ihr wisst, dass die, die als Herrscher gelten, ihre Völker unterdrücken und die Mächtigen ihre Macht über die Menschen missbrauchen. Bei euch aber soll es nicht so sein ..." (Markus 10,42)

Und er kritisiert zugleich die Religion, die mit dem Rücken zu den Unschuldigen ihr eigenes Geschäft betreibt: „Die

Schriftgelehrten und die Pharisäer haben sich auf den Stuhl des Mose gesetzt. [...] Sie schnüren schwere Lasten zusammen und legen sie den Menschen auf die Schultern, wollen selber aber keinen Finger rühren, um die Lasten zu tragen." (Matthäus 23,2–4)

Diese „Sünden" wird der Hohe Rat dem Rabbi Jesus nicht verzeihen, ebenso wenig wie nach ihm die Herrschaften aller Zeiten den Unbotmäßigen jeder Epoche. Das „Durchbrechen der langweiligen Schablonen" ist also weder ein intellektuelles Spiel noch ein liturgischer Spaziergang. Jesus, Franziskus, die Katakombenpaktbischöfe wagen vielmehr den Konflikt in der Hoffnung auf das Reich Gottes, in dem die Blinden sehen, die Lahmen gehen, die Aussätzigen rein werden, die Toten aufstehen und den Armen das Evangelium verkündet wird. „Es soll eine neue Gesellschaftsordnung entstehen, die der Würde der Menschen- und Gotteskinder entspricht"! (Katakombenpakt, Nr. 10). Manche von ihnen haben dafür ihr eigenes Leben aufs Spiel gesetzt wie der Märtyrer von Golgota.

Die Umkehr zur „Samaritanischen Kirche"

> Die Kirche darf [den Schrei der Ausgesonderten, der Überflüssigen, der Armen] nicht ignorieren, und sie kann auch nicht das Spiel der ungerechten, hinterhältigen und eigennützigen Systeme mitspielen, die die Armen am liebsten unsichtbar machen würden. [... Als samaritanische Kirche da sein. Das ist der Schlüssel. Das konkrete Zeugnis der Barmherzigkeit und der Zärtlichkeit, das in den existenziellen und armen Peripherien präsent sein will, [...] Initiativen, die das Reich Gottes gegenwärtig machen, indem sie es aufzeigen und ausweiten.[135]

Die Umkehr zur samaritanischen Kirche hatte Jorge Mario Bergoglio bereits zusammen mit den lateinamerikanischen Bischöfen bei der Generalversammlung in Aparecida 2007 zum Programm gemacht. Jetzt verbindet dieses Programm Papst Franziskus mit den Bischöfen, die sich im Katakombenpakt auf die Abkehr von der konstantinischen Kirche verpflichteten. Gemeinsam sind und waren sie davon überzeugt, dass eine Kirche, die in sich selbst verschlossen, einem „theologischen Narzissmus“ verhaftet, sich um sich selbst dreht, krank ist. Vielmehr ist die Kirche dazu da, die Verlorenen zu suchen, die Bedürftigen aufzusuchen, die staubigen Straßen der Welt zu beschreiten und den – manchmal auch stummen – Schrei der kleinen Leute zu hören, ihre Leiden, Hoffnungen und Wünsche zu kennen. Die samaritanische Gemeinde

> stellt sich durch Werke und Gesten in das Alltagsleben der anderen, verkürzt die Distanzen, erniedrigt sich nötigenfalls bis zur Demütigung und nimmt das menschliche Leben an, indem sie im Volk mit dem leidenden Leib Christi in Berührung kommt. (EG, 24)

Bei seinem Besuch im Flüchtlingszentrum der Jesuiten in Astalli (Italien) am 10. September 2013 ermahnt der Papst die Ordensgemeinschaften, ihre Klöster für diesen Dienst zu öffnen:

> Die leeren Klöster braucht die Kirche nicht, um sie in Hotels zu verwandeln und Geld zu verdienen. Die leeren Klöster gehören nicht euch, sie sind für das Fleisch Christi, das die Flüchtlinge sind.[136]

So wird die samaritanische „Option für die Armen“ konkret, der sich Papst Franziskus und die Bischöfe im Katakombenpakt verpflichtet fühlen. Leider ist die „Option für die Armen“ immer noch dem Missverständnis ausgesetzt, hier müsse vor allem der bessergestellte Bevölkerungsteil mit karitativer Fürsorge etwas für den schlechter gestellten tun. Aber die Aufforderung von Papst Franziskus legt eine andere Deutung nahe, die auch der ursprünglich spanischen Formulierung am ehesten entspricht: „Opción por los pobres" – „por" heißt nicht einfach „für", im Sinne des fürsorglichen Tuns für andere; „por" bezeichnet vielmehr einen Begründungszusammenhang: Da muss etwas getan werden, *weil* etwas so ist. „Por los pobres" heißt also: Weil es Arme gibt, müssen wir uns neu entscheiden. Die Armen sind der lebende Beweis dafür, dass in der Gesellschaft, in der es Arme gibt, etwas nicht stimmt. „Weil Menschen auf der Flucht sind, weil Flüchtlinge das Fleisch Christi sind, gehören die leerstehenden Klöster nicht euch!" Um der Armen willen also müssen wir eine Option treffen. Die Kirche hat aus der Perspektive an der Seite der Armen gegen die Armut zu handeln und aufzutreten gegen das Unrecht, das geschieht.

„Die Notwendigkeit, die strukturellen Ursachen der Armut zu beheben, kann nicht warten!" (EG, 202) Aus diesem Grunde spricht Papst Franziskus zugleich ein prophetisches Nein zu einer Wirtschaft der Ungleichheit und der Aussonderung, die Gewalt bedeuten.[137]

> Solange die Probleme der Armen nicht von der Wurzel her gelöst werden, indem man auf die absolute Autonomie der Märkte und der Finanzspekulation verzichtet und die strukturellen Ursachen der Ungleichverteilung der Einkünfte in Angriff nimmt, werden sich die Probleme der Welt nicht lösen und kann letztlich überhaupt kein Problem gelöst werden. Die Ungleichverteilung der Einkünfte ist die Wurzel der sozialen Übel. (EG, 202)

Es genügt also nicht, dem unter die Räuber Gefallenen die Wunden zu verbinden, man muss verhindern, dass es Straßen gibt, auf denen Menschen unter die Räuber fallen.

Das eine Ohr am Evangelium, das andere beim leidenden Volk, war des Märtyrers Enrique Angelellis Devise. Er wie viele andere Frauen und Männer beweisen durch ihr Lebensopfer, dass ein solches Engagement tödlich sein kann.

Die Umkehr zur Kirche als Volk Gottes

In keinem vorherigen Pontifikat ist so entschieden und konsequent das Bild der Kirche als des Volkes Gottes aufgegriffen worden. Auch darin trifft sich Papst Franziskus mit den Katakombenpaktbischöfen, wenn er die gesamte Kirche als mitverantwortliches, aktives Subjekt betrachtet. Die Kirche als ganze ist es, die in ihrer Gemeinschaft verschiedene Charismen und verschiedene Dienste respektiert. In ihr werden keine Anliegen autoritär durchgesetzt oder Teilinteressen gegeneinander ausgespielt, sondern in „Synodalität" miteinander gelebt:

> Man darf nicht meinen, die Verkündigung des Evangeliums müsse immer mit bestimmten festen Formeln oder mit genauen Worten übermittelt werden, die einen absolut unveränderlichen Inhalt ausdrücken. Sie wird in so verschiedenen Formen weitergegeben, dass es unmöglich wäre, sie zu beschreiben oder aufzulisten; in ihnen ist das Volk Gottes mit seinen unzähligen Gesten und Zeichen ein kollektives Subjekt. (EG, 129)

Denn der Weg der Kirche besteht darin, die von Jesus vorgezeichnete Richtung im Respekt vor den Unterschieden gemeinsam zu gehen, in der alle – nicht nur der Papst, auch die Bischöfe, Priester und Laien, ihre Verantwortung ernst nehmen; eine Communio, die diesen Namen verdient, indem alle partizipativ, mittragend und mitentscheidend eingebunden sind.

Franziskus will, dass das Petrusamt in Gemeinschaft mit den anderen Bischöfen ausgeübt wird, um ein für alle Mal die „Filial"-Beziehungen hinter sich zu lassen, die sich in den letzten beiden Pontifikaten festgesetzt hatten, obwohl das Zweite Vatikanum andere Pfade gewiesen hatte. Darum verweist Franziskus in seiner Rede an die Mitglieder der brasilianischen Bischofskonferenz[138] so entschieden darauf, dass nicht nur der nationale Zusammenschluss, sondern auch der regionale Zusammenschluss Bedeutung habe, um ein Netzwerk von Zeugnissen zu schaffen. Denn diese erst können sicherstellen, dass die wahre Einheit gewonnen werde im Reichtum der „Vielfalt der Gottes-Erfahrungen", um eine lebendige Dynamik in Gang zu setzen.

Mit diesem Vorhaben greift Papst Franziskus auf Engagement und Erfahrung des Lateinamerikanischen Bischofsrates in den vergangenen sechzig Jahren zurück. Die Bischöfe Lateinamerikas, die den CELAM ins Leben riefen, gehörten auch zu jenen, die den Katakombenpakt schlossen.

Auf der Suche nach einer anderen Welt – Die Umkehr zum Reich Gottes

Im Katakombenpakt (Nr. 11) zeigen die Bischöfe bereits ein „globalisiertes" Bewusstsein und setzen sich für die „Globalisierung der Solidarität" ein. Sie sind sich dessen bewusst, dass der Gedanke vom „Volk Gottes" nicht beschränkt werden darf auf diejenigen, die sich zu den Kirchen zählen. Die Kirchen wollen ihren Dienst leisten an allen Menschen und schließen niemanden davon aus: Mann und Frau, Reich und Arm, Alt und Jung, aus allen Kulturen und Religionen. Sie alle sind das Volk Gottes, das zur Gemeinschaft im Messias finden kann. Exemplarisch sind die Armen. Sie stehen für alle Menschen der Erde. Der Gott des Lebens will die Erlösung und Befreiung aller, ausgehend von den Armen:

> Weil die Kollegialität der Bischöfe dann dem Evangelium am besten entspricht, wenn sie sich gemeinschaftlich im Dienst an der Mehrheit der Menschen – zwei Drittel der Menschheit – verwirklicht, die körperlich, kulturell und moralisch im Elend leben, verpflichten wir uns, [...] gemeinsam dafür einzutreten, dass wirtschaftliche und kulturelle Strukturen geschaffen werden, die der verarmten Mehrheit der Menschen einen Ausweg aus dem Elend ermöglichen, statt in einer immer reicher werdenden Welt ganze Nationen verarmen zu lassen. In diesem Sinne werden wir uns allen Menschen gegenüber offen erweisen, gleich welcher Religion sie sein mögen.[139]

Das Echo dieser Selbstverpflichtung der Bischöfe im Katakombenpakt meint man zu vernehmen, wenn man Papst Franziskus in seiner Enzyklika *Laudato si' – Über die Sorge für das gemeinsame Haus* zuhört:

> Heute sind wir uns unter Gläubigen und Nichtgläubigen darüber einig, dass die Erde im Wesentlichen ein gemeinsames Erbe ist, dessen Früchte allen zugute kommen müssen. Für die Gläubigen verwandelt sich das in eine Frage der Treue gegenüber dem Schöpfer, denn Gott hat die Welt für alle erschaffen. Folglich muss der gesamte ökologische Ansatz eine soziale Perspektive einbeziehen, welche die Grundrechte derer berücksichtigt, die am meisten übergangen werden. Das Prinzip der Unterordnung des Privatbesitzes unter die allgemeine Be-

> stimmung der Güter und daher das allgemeine Anrecht auf seinen Gebrauch ist eine „goldene Regel" des sozialen Verhaltens und das „Grundprinzip der ganzen sozialethischen Ordnung".[140]

Das Konzil, die Bischöfe des Katakombenpaktes und Papst Franziskus orientieren sich in ihrem Dienst am Wohl des Ganzen. Für das Jahr 2015/2016 hat Papst Franziskus ein „Jahr der Barmherzigkeit" ausgerufen. Es wird

> den Reichtum der Sendung Jesu mit sich [bringen], so wie es in den Worten des Propheten anklingt [vgl. Lukas 4,16ff.]: den Armen ein Wort und eine Geste des Trostes bringen, denen, die in den neuen Formen der Sklaverei der modernen Gesellschaft gefangen sind, die Freiheit verkünden, denen die Sicht wiedergeben, die nicht mehr sehen können, weil sie nur noch auf sich selbst schauen, denen die Würde zurückgeben, denen man sie geraubt hat.[141]

Die Vor-Zeichen der Welt, in der alle Platz haben, sollen an diesen Taten konkret erfahrbar werden. Auch damit setzt Papst Franziskus den Katakombenpakt fort.

Zugleich gewinnt der Beginn des „Jahres der Barmherzigkeit" eine höchst symbolische Bedeutung. Es wird am 8. Dezember eröffnet, dem Datum, an dem vor fünfzig Jahren das Zweite Vatikanische Konzil feierlich beendet wurde. Das Konzil hatte begonnen, die Bastionen zu schleifen. Der Katakombenpakt hat durch seine Nah- und Fernwirkungen weitere Mauern eingerissen. Nun wählt der Papst den 8. Dezember mit Bedacht:

> Die Kirche spürt das Verlangen, diesen Moment lebendig zu erhalten. Für sie begann damals ein neuer Weg in ihrer Geschichte. [...] Mauern, die die Kirche allzu lange in einer privilegierten Festung eingeschlossen hatten, wurden eingerissen, und die Zeit war gekommen, um das Evangelium auf neue Weise zu verkünden.[142]

Es gibt noch viel zu denken und zu tun, bevor wir all das getan haben, was uns der Heilige Geist im Konzil und im Katakombenpakt gesagt hat, um eine dienende und arme Kirche zu werden!

Anmerkungen

1 Alberigo, Giuseppe: Die Kirche der Armen. Von Johannes XXIII. zum Zweiten Vatikanischen Konzil. In: Delgado, Mariano / Noti, Odilo / Venetz, Hermann Josef (Hg.): Blutende Hoffnung, Luzern 2000, S. 85
2 Dom Hélder Câmara: Circulares Conciliares. Vol. I Tomo I. Recife 2009, Circular Nro. 59, v. 4./5. 12. 1963, S. 364
3 http://www.periodistadigital.com/religion/vaticano/2015/03/13/entrevista-a-francisco-yo-tengo-la-sensacion-que-mi-pontificado-va-a-ser-breve-cuatro-o-cinco-anos-religion-iglesia-papa-vaticano.shtml (eig. Übersetzung)
4 Spadaro, Antonio: Das Interview mit dem Papst. Hg. von Andreas R. Batlogg, Freiburg i. Br. 2013, S. 57.
5 Ebd. S. 43.
6 Ebd., S. 48–49; 54.
7 http://w2.vatican.va/content/francesco/de/speeches/2014/october/documents/papa-francesco_20141028_incontro-mondiale-movimenti-popolari.html
8 http://w2.vatican.va/content/francesco/de/speeches/2014/november/documents/papa-francesco_20141120_visita-fao.html
9 http://w2.vatican.va/content/francesco/es/speeches/2014/july/documents/papa-francesco_20140705_molise-indizione-anno-celestiniano.html (eig. Übersetzung).
10 Vgl. „Was ich beim Konsistorium gesagt hätte" – Interview mit Kardinal Jorge Mario Bergoglio von Stefania Falasca. In: Theologische Quartalsschrift 193 (2013) S. 175–180
11 „Aparecida 2007 – Schlussdokument der 5. Generalversammlung des Episkopats von Lateinamerika und der Karibik (Stimmen der Weltkirche, 41). Hg. vom Sekretariat der Deutschen Bischofskonferenz, Bonn 2007.
12 Johannes XXIII: Rundfunkbotschaft vom 11. September 1962. In: Hünermann, Peter / Hilberath, Bernd Jochen (Hg.): Herders Theologischer Kommentar zum Zweiten Vatikanischen Konzil. Bd. 5. Freiburg i. Br. 2006. S. 476ff.
13 Ebd., S. 479
14 Ebd., S., 478/479
15 Wittstadt, Klaus: Am Vorabend des Zweiten Vatikanischen Konzils. In: Alberigo, Giuseppe / Wittstadt, Klaus (Hg): Geschichte des Zweiten Vatikanischen Konzils. Bd. 1: Die Katholische Kirche auf dem Weg in ein neues Zeitalter, S. 457–560, hier S. 495.

16 Wortlaut des Dossiers in: Gauthier, Paul: Die Armen, Jesus und die Kirche. Graz 1964, S. 71ff.
17 Ebd., S. 75
18 Ebd., S. 109
19 Ebd., S. 113
20 Ebd., S. 117
21 Ebd., S. 118
22 Ebd., S. 120
23 Zitiert in: Raguer, Hilari: Das früheste Gepräge der Versammlung. In: Alberigo, Giuseppe / Wittstadt, Klaus (Hg.): Geschichte des Zweiten Vatikanischen Konzils 1959–1965. Bd. 2, Mainz 2000, S. 239
24 Zitiert in: Congar, Yves M.J.: Für eine dienende und arme Kirche. Mainz 1965, S. 122
25 „Bandung" hat hier für Hélder Câmara symbolische Bedeutung. In der indonesischen Gebirgsstadt Bandung fand 1955 die erste Konferenz der sog. „blockfreien Staaten" statt, zu der die Vertreter von 29 afrikanischen und asiatischen Nationen zusammengekommen waren, um sich gegen Kolonialismus und Imperialismus zu verbünden.
26 Dom Hélder Câmara, Circulares Conciliares. Vol. I. Tomo I. Recife 2009, Circular Nro. 12, v. 24. 10. 1962, S. 33f.
27 „In manus tuas" ist der Wahlspruch des Bischofs Hélder Câmara. Circular Nro. 24, v. 4. /5. 11. 1962. Ebd., S. 73f.
28 Zitiert in: Congar, Yves M.J.: Für eine dienende und arme Kirche. Mainz 1965, S. 122–123
29 Zitiert in: Gauthier, Paul: Tröstet mein Volk. Das Konzil und „die Kirche der Armen". Graz 1966, S. 243–244; vgl. auch: Lamberigts, Mathijs: Die Liturgiedebatte. In: Alberigo, Giuseppe / Wittstadt, Klaus (Hg.): Geschichte des Zweiten Vatikanischen Konzils 1959–1965. Bd. 2. Mainz 2000, S. 174–175
30 Dom Hélder Cámara: Circulares Conciliares. Vol. I. Tomo I. Recife 2009, Circular Nro. 44, 26. 11. 1962, S. 129
31 Der Vortrag wurde in die Originalausgabe des Buches aufgenommen, das 1963 beim Verlag Editions du Cerf, Paris erschien: Congar, Yves M.J.: Pour une Eglise servante et pauvre. 1965 erschien es in deutscher Übersetzung bei Grünewald Mainz: Congar, Yves J.M: Für eine dienende und arme Kirche. Der Text des Vortrags findet sich im zweiten Teil des Buches, im Kapitel „Titel und Ehren in der Kirche –II. Wie die Kirche ein herrscherliches Aussehen bekam". Hier S. 80–81
32 Ebd., S. 83/84
33 Ebd., S. 85–86
34 Ebd., S. 91
35 Ebd., S. 97–98

36 Circular Nro. 3, v. 4. Okt. 1963, aaO., S. 167

37 Die Bischöfe, die diese Petition unterzeichneten, waren außer Charles M. Himmer und Alfred Ancel auch Hélder Câmara, Manuel Larraín, Neophytos Edelby, Julius Angerhausen, Philippe Nguyen-Kim-Dien, Raphael Moralejos, Alessandro Olalia, Marcos McGrath, Thomas Cooray

38 Vgl. Gauthier, Paul: Tröstet mein Volk. Das Konzil und „die Kirche der Armen". Graz 1966, S. 262–263

39 Ebd.

40 Dom Hélder Cámara: Circulares Conciliares. Vol. I. Tomo I. Recife 2009, Circular Nro. 44, 26. 11. 1962, S. 112

41 Zitiert in: Galli, Mario von: Gelebte Zukunft: Franz von Assisi. Frankfurt a. M. [5]1971, S. 118ff.

42 Raguer, Hilari: Das früheste Gepräge der Versammlung. In: Alberigo, Giuseppe / Wittstadt, Klaus (Hg.): Geschichte des Zweiten Vatikanischen Konzils 1959–1965. Bd. 2. Mainz 2000, S. 237

43 Ruggieri, Giuseppe: Abschied von der kontroverstheologischen Ekklesiologie. In: Alberigo, Giuseppe / Wittstadt, Klaus (Hg.): Geschichte des Zweiten Vatikanischen Konzils 1959–1965. Bd. 2. Mainz 2000, S. 406

44 Dom Hélder Cámara: Circulares Conciliares. Vol. I. Tomo I. Recife, Brasilien 2009, Circular Nro. 53, 8./9. 12. 1962, S. 158

45 Zeitschrift Mensaje, Chile 1976

46 Gauthier, Paul: Tröstet mein Volk. Das Konzil und „die Kirche der Armen". Graz 1966, S. 285

47 Zitiert in: Congar, Yves: Für eine dienende und arme Kirche. Mainz 1965, S. 121

48 Gauthier, Paul: Tröstet mein Volk, aaO., S. 286–287

49 Ebd., S. 296

50 Ebd., S. 126

51 Zum Folgenden vgl. Gauthier, aaO., S. 316–321

52 Gauthier, aaO., S. 346

53 vgl. Famerée, Joseph: Bischöfe und Bistümer. In: Alberigo, Giuseppe / Wittstadt, Klaus (Hg.): Geschichte des Zweiten Vatikanischen Konzils 1959–1965. Bd. 3. Mainz 2002, S. 194 und Fußnote 152.

54 Ebd., S. 194; vgl. Dom Hélder Cámara: Circulares Conciliares. Vol. I. Tomo I. Recife 2009, Circular Nro. 10, v. 13. 10. 1963, S. 186ff.

55 Vgl. Famerée, Joseph: Bischöfe und Bistümer. In: Alberigo, Giuseppe / Wittstadt, Klaus: Geschichte des Zweiten Vatikanischen Konzils 1959–1965. Bd. 3. Mainz 2002, S. 194ff.

56 Vgl. Tanner, Norman: Kirche in der Welt: Ecclesia ad extra. In: Alberigo, Giuseppe / Wittstadt, Klaus (Hg.): Geschichte des Zweiten Vatikanischen Konzils 1959–1965. Bd. 4. Mainz 2006, S. 445ff.

57 Zitiert in: Planellas y Barnosell, Joan: La iglesia de los pobres en el Concilio Vaticano II. Barcelona 2014, S. 126f.

58 Circular Nro. 25, vom 3./4. 10. 1964, aaO., S. 97

59 Vgl. Chenu, Marie-Dominique: „Kirche der Armen" auf dem Zweiten Vatikanischen Konzil. In: Concilium 13 (1977), S. 235

60 Vgl. auch zum Folgenden: Tanner, Norman: Kirche in der Welt: Ecclesia ad extra, aaO., S. 338–368

61 Vgl. Tanner, Norman, aaO., S. 433f.

62 Herders Theologischer Kommentar zum Zweiten Vatikanischen Konzil. Sonderausgabe Freiburg i. Br. 2009. Bd 1, S. 85

63 Vgl. Dom Hélder Cámara: Circulares Conciliares. Vol. I. Tomo III. Recife 2009, Circular Nro. 25, vom 4./5. 10. 1965, S. 84

64 Vgl. Sander, Hans Joachim: Theologischer Kommentar zur Pastoralkonstitution über die Kirche in der Welt von heute Gaudium et spes. In: Herders Theologischer Kommentar zum Zweiten Vatikanischen Konzil. Bd 4. Sonderausgabe Freiburg i. Br. 2009, S. 581ff.

65 Vgl. Dom Hélder Cámara: Circulares Conciliares. Vol. I. Tomo III. Recife 2009, Circular Nro. 63, vom 11./12. 11. 1965, S. 232

66 Vgl. Dom Hélder Câmara: Circular Nro. 24, vom 3./4. 10. 1965, aaO., S. 80

67 Joseph-Léon Cardijn (1882–1967), Begründer der JUC, 1965 durch Paul VI. zum Kardinal erhoben.

68 http://w2.vatican.va/content/paul-vi/it/homilies/1965/documents/hf_p-vi_hom_19650912_catacombe.html – eigene Übersetzung.

69 Gauthier, Paul: El Evangelio de la Justicia y los Pobres. Salamanca 1969, S. 231–246. (Frz. Org.: L'evangile de justice. Paris 1967)

70 Paul VI.: Rede zum zehnten Jahrestag des CELAM vom 23. November 1965: http://w2.vatican.va/content/paul-vi/it/speeches/1965/documents/hf_p-vi_spe_19651123_celam.html (eig. Übersetzung)

71 Dom Hélder Câmara: Circulares Conciliares. Vol. I. Tomo III. Recife 2009, Circular Nro. 75–77, v. 23. 11. – 26. 11. 1965, S. 277ff.

72 Respuesta al clamor de los pobres Manifiesto de Obispos del Tercer Mundo. Con reflexiones de Hélder Câmara, obispo de Recife. Buenos Aires 1968., S. 52ff. (eig. Übersetzung)

73 http://w2.vatican.va/content/paul-vi/es/encyclicals/documents/hf_p-vi_enc_26031967_populorum.html#_ftnref27

74 Rost, Alexander: Populorum Progressio – die umstrittene Enzyklika. In: DIE ZEIT Nr. 22, 2. Juni 1967, S. 32 Aus dem Archiv bei ZEIT ONLINE: http://www.zeit.de/1967/22/der-papst-schockiert-die-alte-welt

75 Respuesta al clamor de los pobres – Manifiesto de Obispos del Tercer Mundo. Comentado por Alberto Devoto, obispo de Goya. Buenos Aires 1968 (eig. Übersetzung). Vgl. auch die gekürzte deutsche Fassung in Rendtorff / Tödt:

Theologie der Revolution. Analysen und Materialien (Edition Suhrkamp, 258). Frankfurt a. M. 1968, S. 157ff. bzw. Noggler, Othmar: Das erste Entwicklungsjahrzehnt. Vom Zweiten Vatikanischen Konzil bis Medellín. In: Prien, Hans Jürgen (Hg.): Lateinamerika: Gesellschaft – Kirche – Theologie. Bd. 1: Aufbruch und Auseinandersetzung. Göttingen 1981, S. 19–70, hier insbes.: S. 24–32

76 Deutsche Übersetzung entnommen aus: http://www.igmg.org/service/der-koran-al-qur-an-al-karim.html

77 Vgl. Dussel, Enrique: Historia de la iglesia en América Latina. Bogotá 1984. S. 321ff.

78 Über sozial engagierte Priester vgl.: Sacerdotes para el tercer mundo. Publicaciones del Movimiento, Buenos Aires 1972; Los sacerdotes para el tercer mundo y la actualidad nacional. Buenos Aires 1973; Richard, Pablo: Cristianos por el socialismo. Salamanca, 1976; Mate, Fierro: Cristianos por el socialismo. Estella, 1975; Los cristianos y la revolución. Santiago 1972.

79 Brief an die Zweite Konferenz der Lateinamerikanischen Bischöfe in Medellín (Kolumbien). In: Gerling, Axel U. / Scholl, Erhard (Hg.): Kirche der Armen? Neue Tendenzen in Lateinamerika. München 1972, S. 79ff.

80 Vgl. das Kapitel 14 „Armut der Kirche". In: Die Kirche Lateinamerikas. Dokumente der II. und III. Generalversammlung des Lateinamerikanischen Episkopates in Medellín und Puebla (Stimmen der Weltkirche, 8). Hg. Sekretariat der Deutschen Bischofskonferenz. Bonn 1979, S. 115ff.

81 Comblin, José: Lateinamerikas Kirchenväter. In: Concilium 45/5 (Dezember 2009), S. 524

82 Vgl. auch: Obispos y Represión: Riobamba, August 1976. In: Signos de lucha y esperanza. Testimonios de la iglesia en América Latina 1973–1978. Lima September 1978, S. 202ff. und: Hauptprobe in Riobamba? In: Orientierung 40/23 u. 24, 15. u. 31. Dezember 1976, S. 258f.

83 Dusssel, aaO., S. 92

84 Vgl. „Operation Condor" – neue Erkenntnisse über einen schmutzigen Krieg. In: Le Monde diplomatique, 11. 5. 2001

85 Vgl. Dussel, Enrique: Die Lateinamerikanische Kirche von Medellín bis Puebla (1968–1979). In: Prien, Hans-Jürgen (Hg.): Lateinamerika: Gesellschaft – Kirche – Theologie Bd. I. Göttingen 1981, S. 94ff.

86 Vgl. Hengsbach, Franz: Die Sinngebung des Studienkreises „Kirche und Befreiung". In: Studienkreis Kirche und Befreiung: Christlicher Glaube und gesellschaftliche Praxis. Aschaffenburg 1978, S. 11

87 Vgl. Hengsbach, ebd., S. 9–14

88 ONIS („Oficina Nacional de Información social") war eine peruanische Priestergruppe befreiungstheologischer Ausrichtung, der auch Gustavo Gutiérrez angehörte.

89 Castrillón Hoyos, Darío: Zur Entwicklung der „Theologie der Befreiung" in Lateinamerika. In: Hengsbach, aaO., S. 18/19

90 Vgl. Greinacher, Norbert (Hg.): Konflikt um die Theologie der Befreiung. Diskussion und Dokumentation. Zürich 1985, S. 98ff.

91 HerderKorrespondenz 32/1 (1978), S. 11; vgl. auch Orientierung 41. (1977), Nr. 23/24, S. 251

92 Bernstein, Carl / Politi, Marco: Seine Heiligkeit. Johannes Paul II. und die Geheimdiplomatie des Vatikans. München 1997, S. 237. Vgl. auch Frei Betto: 17 dias de la iglesia latinoamericana. Diario de Puebla. Mexiko 1979, S. 83

93 Das Dokument findet sich in: Die Kirche Lateinamerikas. Dokumente der II. und III. Generalversammlung des Lateinamerikanischen Episkopates in Medellín und Puebla (Stimmen der Weltkirche, 8). Hg. Sekretariat der Deutschen Bischofskonferenz. Bonn 1979 (im Folgenden abgekürzt mit „DP").

94 Vgl. DP, 1262

95 Romero, Oscar A.: Die politische Dimension des Glaubens. Erfahrungen der Kirche in El Salvador. In: Reiser, Antonio / Schoenborn, Paul G. (Hg.): Basisgemeinden und Befreiung. Lesebuch zur Theologie und christlichen Praxis in Lateinamerika. Wuppertal 1981, S. 154ff.

96 Romero, Oscar A.: Predigt vom 18. Februar 1979. In: Mons. Oscar A. Romero. Su Pensamiento. Publicaciones Pastorales del Arzobispado San Salvador. Bd. VI. 1981, S. 134 (eig. Übersetzung)

97 Allen, John L.: Benedikt XVI. – Joseph Ratzinger. Biographie. Düsseldorf ^{3}2005, S. 137ff.

98 Johannes Paul II.: Generalaudienz, 26. März 1980: http://w2.vatican.va/content/john-paul-ii/de/audiences/1980/documents/hf_jp-ii_aud_19800326.html

99 http://w2.vatican.va/content/francesco/es/letters/2015/documents/papa-francesco_20150523_lettera-beatificazione-romero.pdf

100 Kommuniqué verschiedener Bischöfe vom 29. März 1980, zitiert in: Ruiz García, Samuel, Bischof em. von Chiapas, Mexiko, Predigt zum 30. Jahrestag der Ermordung von O. A. Romero, Kathedrale San Salvador, 24. März 2010. (eig. Übersetzung).

101 Vgl. Missionszentrale der Franziskaner / Misereor (Hg.): Für eine Kultur solidarischen Lebens. Die Stimme der lateinamerikanischen Kirche vor der Konferenz in Santo Domingo 1992: Secunda relatio. Aachen 1993, S. 34

102 Vgl. Bernstein, Carl / Politi, Marco: Seine Heiligkeit. Johannes Paul II. und die Geheimdiplomatie des Vatikans. München 1997, S. 320ff.

103 Ebd., S. 346

104 Duchrow, Ulrich / Eisenbürger, Gert / Hippler, Jochen (Hg.): Totaler Krieg gegen die Armen. Geheime Strategiepapiere der amerikanischen Militärs. München 1989. S. 194

105 Ebd., S. 200

106 Vgl. Ege, Konrad: Kartoffeln, Tomaten und ein Held. Kolumbusfeiern in den USA. In: Blätter für deutsche und internationale Politik. Nr. 1/92, S. 118ff.

107 http://w2.vatican.va/content/john-paul-ii/pt/homilies/1991/documents/hf_jp-ii_hom_19911020_salvador.html

108 Ebd.

109 Todorov, Tzvetan: Die Eroberung Amerikas. Das Problem des Anderen. (Edition Suhrkamp, 1213). Frankfurt a. M. 1985, S. 161

110 Vgl. Manifest von Quito (Ecuador) 1990. In: Missionszentrale der Franziskaner (Hg.): Die Indios melden sich zu Wort (Grüne Reihe, 45). Bonn 1990, S. 14

111 http://www.quetzal-leipzig.de/lateinamerika/nicaragua/treffen-der-indigenen-völker-in-managua-19093.html

112 http://w2.vatican.va/content/john-paul-ii/es/homilies/1992/documents/hf_jp-ii_hom_19921011_v-centenario.html

113 Vgl. *El País* vom 28. 9. 1992.

114 Vgl. Orientierung 56, Nr. 17, vom 15. September 1992, S. 186.

115 Auszüge aus dem Anhang zum Presse-Bulletin Nr. 13 vom Montag, dem 19. Oktober 1992 (Pressestelle der Vierten Generalversammlung)

116 So der Erzbischof von Valencia, Venezuela, in seinem Brief an das Präsidium. Vgl. Anhang zum Presse-Bulletin Nr. 14 vom Montag, dem 19. Oktober 1992 (Pressestelle der Vierten Generalversammlung).

117 Auszüge aus dem Anhang zum Presse-Bulletin Nr. 23 vom Samstag, dem 24. Oktober 1992 (Pressestelle der Vierten Generalversammlung)

118 Der Kardinalstaatssekretär des Vatikans, Angelo Sodano, war der erste Präsident der Konferenz, Kardinal López Rodriguez der zweite Präsident der Versammlung und Vorsitzender des CELAM, Erzbischof Serafim Fernandes von Belo Horizonte der dritte im Bunde.

119 Dokument „Cara de Pau" vom Mittwoch, den 28. Oktober 1992. Veröffentlicht in Cencos (Mexiko), 9/107 (Dezember 1992), S. 28f. Es handelt sich hier um das Kurzprotokoll eines Auswertungsgespräches (eig. Übersetzung); vgl. auch: Kräutler, Erwin: Die Hoffnung stirbt zuallerletzt. Frustrationen und Hoffnungen eines Konferenzteilnehmers. In: Arntz, Norbert (Hg.): Retten, was zu retten ist? Die Bischofsversammlung in Santo Domingo zwischen prophetischem Freimut und ideologischem Zwang. Luzern 1993, S. 33ff.

120 Mit Konstantin dem I. (dem Großen, um 280–337) begann die Entwicklung des christlichen Glaubens zur Staatsreligion. Im dtv Brockhaus-Le-

xikon (München 1989, Band 10, Seite 82, 83) heißt es: „Der persönlich skrupellose Kaiser, der sich erst kurz vor seinem Tode taufen ließ, wurde in die Reihe der christlichen Heiligen aufgenommen (Tag. 21. 5.).“

121 Sobrino, Jon: Christologie der Befreiung. Mainz 1998, S. 58

122 Manifest von Quito (Ecuador) 1990. In: Missionszentrale der Franziskaner (Hg.): Die Indios melden sich zu Wort. (Grüne Reihe, 45). Bonn 1990, S. 17.

123 Die ungekürzte Fassung veröffentlicht am 16. März 2007: http://www.itpol.de/?s=Sobrino

124 Ratzinger, Joseph: Die Theologie der Befreiung. In: Greinacher, Norbert: Konflikt um die Theologie der Befreiung. Diskussion und Dokumentation. Zürich 1985

125 Von dem Buch *Jesus in Lateinamerika. Seine Bedeutung für Glaube und Christologie*, existiert keine deutsche. Übersetzung.

126 Aparecida 2007 – Schlussdokument der 5. Generalversammlung des Episkopats von Lateinamerika und der Karibik (Stimmen der Weltkirche, 41). Hg. vom Sekretariat der Deutschen Bischofskonferenz. Bonn 2007. Die zitierten Abschnitte werden jeweils mit DA und der entsprechenden Nummer gekennzeichnet.

127 Valentini, Demetrio: Aparecida: valores y limites. In: Aparecida – Renacer de una Esperanza. (Libro digital). Hg. Fundación Amerindia. November 2007. S. 9 (eig. Übersetzung)

128 Interview mit 30 Giorni Nr. 11/2007: http://www.30giorni.it/articoli_id_16503_l2.htm (zuletzt besucht Mai 2015)

129 Aus der Ansprache von Papst Franziskus vor den brasilianischen Bischöfen am 27. Juli 2013. Spanische Fassung: http://w2.vatican.va/content/francesco/es/speeches/2013/july/documents/papa-francesco_20130727_gmg-episcopato-brasile.html. (eig. Übersetzung).

130 Aus der Botschaft zur Fastenzeit 2014 http://w2.vatican.va/content/francesco/de/messages/lent/documents/papa-francesco_20131226_messaggio-quaresima2014.html

131 http://w2.vatican.va/content/francesco/de/speeches/2015/july/documents/papa-francesco_20150709_bolivia-movimenti-popolari.html

132 Notiz Radio Vaticana vom 16. 4. 2013.

133 Zitiert in: Papst Franziskus: Misericordae vultus. Verkündigungsbulle des Jahres der Barmherzigkeit http://w2.vatican.va/content/francesco/de/apost_letters/documents/papa-francesco_bolla_20150411_misericordiae-vultus.html.

134 Gauthier, Paul: Die Armen, Jesus und die Kirche. Graz 1964, S. 117

135 http://w2.vatican.va/content/francesco/de/speeches/2014/november/documents/papa-francesco_20141127_pastorale-grandi-citta.html

136 http://w2.vatican.va/content/francesco/de/speeches/2013/september/documents/papa-francesco_20130910_centro-astalli.html
137 Vgl. Lehrschreiben Evangelii gaudium, Nr. 53–58
138 http://w2.vatican.va/content/francesco/de/speeches/2013/july/documents/papa-francesco_20130727_gmg-episcopato-brasile.html
139 Siehe Text des Katakombenpaktes, Nr. 11
140 Papst Franziskus: Enzyklika Laudato si' – Über die Sorge für das gemeinsame Haus, Nr. 93 und 95
141 Misericordiae vultus. Verkündigungsbulle zum Jahr der Barmherzigkeit, Nr. 16
142 Ebd., Nr. 4